ARCHIVOS DEL PRESIDENTE JOSÉ AZCONA

Notas de Prensa. Junio—Julio de 1987

MERENDÓN

COLECCIÓN

ARCHIVOS DEL PRESIDENTE JOSÉ AZCONA
(Notas de prensa, Junio—Julio de 1987)

©Colección MERENDÓN
Supervisión Editorial: Óscar Flores López
Diseño de portada: Andrea Rodríguez
Administración: Tesla Rodas y Jéssica Cordero
Director Ejecutivo: José Azcona Bocock

Primera Edición
Tegucigalpa, Honduras—Septiembre de 2024

"NI EN TRES NI EN CUATRO GOBIERNOS"...

Estos volúmenes del archivo José Azcona Hoyo de la Colección Merendón nacen de los documentos que dejó mi papá al fallecer. Hubiese sido su voluntad que la información fuese compartida con todas las personas que deseen acceder a la misma.

La colección incluye un registro de publicaciones periódicas contemporáneas con los hechos, informes de gobierno y otros documentos anexos. Esta edición abarca los archivos de prensa de los diarios La Tribuna, El Heraldo, La Prensa y Tiempo de junio y julio de diciembre de 1987.

El cuidado y divulgación de documentos históricos tiene dos componentes importantes. El primero, y condición necesaria para el segundo, es la conservación de la información para su posterior uso. La función primaria se ha logrado durante las décadas que este archivo ha estado bajo custodia de mi madre, Miriam Bocock de Azcona, y se espera lograr darle un hogar definitivo permanente.

La segunda función se cumple con la publicación de este archivo. El mismo se ha organizado, capturado digitalmente, convertido a texto, editado y publicado de una manera sistemática.

La intención es que el mismo sea accesible, a un costo económico, para quienes deseen conocer mejor este importante periodo de la historia de Honduras.

Adicionalmente, que sirva de fuente para investigadores que se interesen en los temas cubiertos por el mismo. Un complemento importante es que se pretende tener estas obras en una edición disponible de forma permanente, para garantizar el acceso al mismo a futuro.

Hemos cuidado de hacer edición para garantizar: que no haya errores y facilidad de búsqueda. La intención no es distorsionar el archivo para favorecer o perjudicar imágenes, sino conservarlo y compartirlo en forma íntegra.

La edición que hoy publicamos contiene, entre otros temas, los avances y retrocesos en el proceso de paz de Centroamérica; la polémica alrededor de la indemnización al ciudadano estadounidense Temístocles Ramírez; el estira y encoge entre si deben realizarse elecciones municipales y las siguientes declaraciones del Presidente:

"Mi gobierno está afrontando con valentía los problemas del país, pero no bastará un solo gobierno, ni tres ni cuatro gobiernos en Honduras para sacar este país de la situación en que se encuentra", señaló.

Por eso no vamos a sentarnos a llorar —agregó— hay que ponernos a trabajar todos los hondureños con honestidad y dedicación para surgir de la situación de subdesarrollo en que nos encontramos.

JOSÉ AZCONA BOCOCK
DIRECTOR EJECUTIVO COLECCIÓN ERANDIQUE

AZCONA Y ABRAMS ANALIZAN LA SEGURIDAD DE LA REGIÓN

***En la cita participan el general Regalado y el subsecretario de Defensa, Fred Ikle.**

El presidente José Azcona y el jefe de las Fuerzas Armadas, general Humberto Regalado, analizaron con los subsecretarios para Asuntos Latinoamericanos y de Defensa de los Estados Unidos, Elliot Abrams y Fred Ikle la situación regional, asuntos de seguridad y la futura entrega de los aviones F-5E a Honduras.

La reunión de las más estrictas medidas de seguridad, comenzó a las 4:30 de la tarde y culminó hora y media después y en la misma participaron además el subsecretario adjunto para América Latina, Robert Pastorino y el embajador Everett Briggs.

En sus breves declaraciones y actuando como vocero de la misión norteamericana, Ikle se limitó a manifestar que con el presidente Azcona habían discutido sobre la seguridad regional, asuntos bilaterales y entrega de los primeros caza-bombarderos F-5E.

El sub-secretario de Defensa de los Estados Unidos le informó al mandatario hondureño que los primeros cazabombarderos serán entregados en el mes de octubre próximo.

Ninguno de los miembros del Departamento de Estado quiso comentar sobre la suspendida reunión de presidentes del área que debía celebrarse el 25 y 26 de junio en Guatemala.

Por su parte, Abrams se negó a hacer comentario alguno sobre la cumbre, indicando que el vocero oficial de los visitantes era Fred Ikle.

La sorpresiva visita de Abrams, la segunda que oficialmente realiza a Honduras, fue anunciada al mediodía por voceros de la Secretaría de Prensa e inicialmente trascendió que abordaría el tema de la fracasada cumbre presidencial.

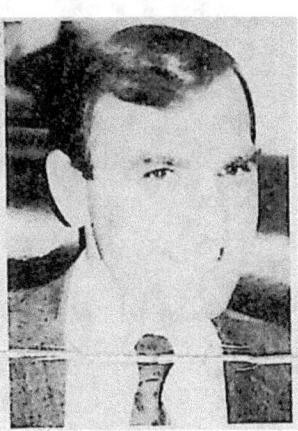

Elliot Abrams

Fred Ikle

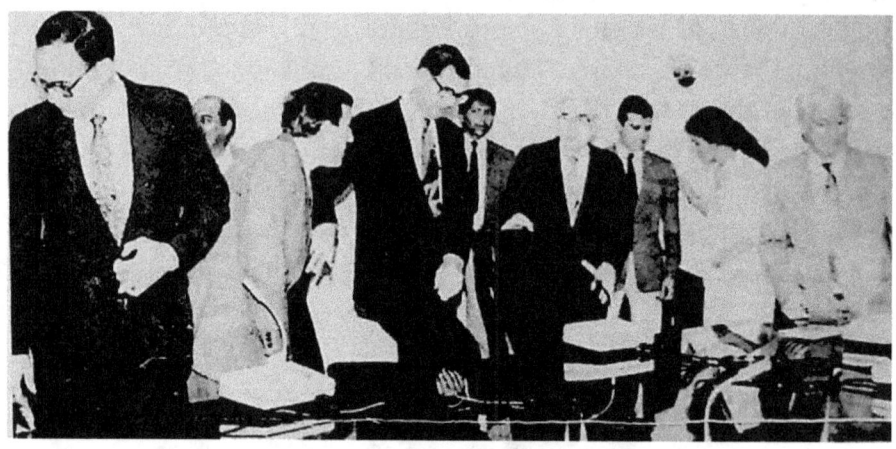

El presidente José Azcona y los altos funcionarios del gobierno norteamericano al momento de iniciar las conversaciones ayer tarde en la Casa de Gobierno. (*Foto de Aquiles Andino*).

LA TRIBUNA/16 DE JUNIO DE 1987

ARIAS VIAJA A ABLANDAR POSICIÓN DE EU PARA DESBLOQUEAR LA CUMBRE

SAN JOSÉ, Jun. 15 (AFP). - El presidente de Costa Rica, Oscar Arias, partió esta mañana hacia Estados Unidos, donde, según fuentes cercanas al gobierno, intentará modificar la "posición obstruccionista" de la administración Reagan, que bloqueó esta semana una cumbre de presidentes de Centroamérica.

La cumbre de Guatemala, programada para analizar el Plan de Paz de Arias el 25 y 26 de junio, fue suspendida el viernes anterior por solicitud de El Salvador, lo cual fue atribuido por el presidente guatemalteco, Vinicio Cerezo, a "presiones" de Washington.

Arias, antes de partir a las 08H00 locales (14H00 GMT), explicó que en Washington se reunirá con el vicepresidente George Bush, a quien planteará la visión que Costa Rica tiene sobre "el papel de Estados Unidos" en la marcha de las negociaciones de paz en Centroamérica.

El presidente llegará hoy a Indiana, donde disertará sobre el futuro de la democracia en Centroamérica, invitado por el senador Richard Lugar.

En esa ciudad permanecerá hoy y mañana, y el miércoles irá a Washington para reunirse con congresistas y senadores y posteriormente, el jueves, con Bush, antes de regresar ese mismo día a Costa Rica.

Por su parte, el canciller Rodrigo Madrigal, quien acompaña a Arias en su gira, afirmó que Costa Rica hace "todas las gestiones posibles" para que la reunión de mandatarios en Guatemala se realice en la fecha prevista.

Madrigal indicó que ya conversó con el presidente salvadoreño, Napoleón Duarte, en un intento por convencerlo de asistir a la cita de mandatarios.

Asimismo, el canciller guatemalteco, Mario Quiñónez viajará hoy a San Salvador con el mismo propósito. Y Cerezo hará otro tanto mañana cuando llegue a Tegucigalpa.

Esperamos –dijo Madrigal– que estas gestiones rematen positivamente.

Entretanto, agregó, se ha decidido que una reunión de cancilleres previa a la cumbre será en San Salvador.

Nicaragua, por su parte, aún no ha expresado objeciones al Plan Arias, las que fueron solicitadas por escrito, pero el presidente Daniel Ortega pidió el sábado a sus colegas centroamericanos "no variar" la fecha del encuentro.

Por otra parte, fuentes cercanas al gobierno indicaron a la AFP que Arias intentará neutralizar en Washington la "posición obstruccionista", que fue "muy evidente y muy negativa" durante la gira que hizo la semana pasada por el área el embajador itinerante Phillip Habib.

LA TRIBUNA/16 DE JUNIO DE 1987

SUBSECRETARIO DE DEFENSA DE EE.UU. SE REÚNE SORPRESIVAMENTE CON AZCONA

Por Ramón Murillo Cantoral/ Redactor de EL HERALDO.

En la cita estuvo presente Elliot Abrams, artífice de la estrategia política y militar de los contras nicaragüenses.

El sub secretario de Defensa de los Estados Unidos, Fred Ikle, se reunió sorpresivamente ayer con el presidente José Azcona para tratar "temas bilaterales" cuyos detalles no trascendieron a la prensa, a excepción de la entrega a partir de noviembre de los cazas F-5E.

Ikle llegó a Tegucigalpa en compañía del sub secretario de Estado para Asuntos Interamericanos, Elliot Abrams, del asistente del Consejo de Seguridad Nacional para Asuntos Hemisféricos, José Zorzano, y del sub secretario de Defensa para Asuntos Interamericanos. Robert Pastorino.

En la reunión, que se celebró en la Casa de Gobierno, también participaron el comandante en jefe de las Fuerzas Armadas, general Humberto Regalado Hernández, y el embajador de los Estados Unidos en Tegucigalpa, Everett Briggs.

Tal como sucede en este tipo de reuniones, el hermetismo de los visitantes y las fuertes medidas de seguridad fueron la nota dominante, especialmente en detrimento de la labor informativa de los periodistas.

Al término de la reunión, el Sub Secretario de Defensa se limitó a decir que en el diálogo únicamente se trataron temas bilaterales y que no hubo referencia alguna a terceros países.

Ikle añadió que se habló acerca de la "decisión positiva" del Congreso de su país para la entrega de los aviones supersónicos F-5E a Honduras, los cuales comenzarán a llegar al país en noviembre próximo.

El visitante se negó a emitir comentario alguno sobre el papel de los Estados Unidos en la suspensión de la reunión cumbre que los presidentes de Centroamérica sostendrían los días 25 y 26 en Guatemala.

ABRAMS VINO "MUDO"

Por su parte, el arquitecto de la política de la Administración Reagan para América Central, Elliot Abrams, eludió todas las preguntas de los periodistas y únicamente se limitó a indicar que "el señor Ikle es el que habla por todos nosotros".

En cambio, el ex encargado de Negocios de la embajada norteamericana en Honduras, Robert Pastorino, indicó que la reunión había sido útil para decidir cuál será el próximo paso en la entrega de los aviones F-5E a Honduras y ratificó que los demás temas tratados fueron "asuntos bilaterales".

La sorpresiva visita de los ejecutores de la política Reagan para la región se produce en momentos en que el gobierno de Guatemala ha lanzado una iniciativa diplomática para tratar de reunir a los presidentes centroamericanos en las fechas anteriormente convenidas.

En la reunión de ayer fue notoria la ausencia del canciller, Carlos López Contreras, y antes del diálogo se escuchó decir al presidente Azcona que no darían comienzo a las conversaciones mientras no llegara el general Regalado Hernández, quien se presentó minutos después.

MEDIDAS EXTREMAS DE SEGURIDAD

Numerosos agentes militares y de seguridad, uniformados y de paisano, se posesionaron de la Casa de Gobierno y sus alrededores, supuestamente para proteger a los visitantes, pero al término de la entrevista se dedicaron por todos los medios a evitar que los periodistas cumplieran su labor.

La represión contra los periodistas llegó al extremo de cercarles la Sala de Prensa con vallas y agentes, lo que motivó la protesta de los reporteros, quienes prefirieron esperar a los visitantes en la rotonda de la Casa de Gobierno.

Algunos colegas comentaron que la falta de un diálogo abierto y sin obstáculos entre los funcionarios norteamericanos y la prensa hondureña e internacional fue responsabilidad de la Secretaría de Prensa de la Casa Presidencial que no coordinó con los visitantes la celebración de una conferencia de prensa ordenada, tal como se estila en otras ocasiones.

El sub secretario de Defensa de los Estados Unidos, Fred Ikle, ingresa a la Casa de Gobierno en compañía del sub secretario de Estado para Asuntos Interamericanos, Elliot Abrams. (*Foto Ramón Lanza*)

EL HERALDO/16 DE JUNIO DE 1987

LA "CUMBRE" DE PRESIDENTES Y LA VISITA DEL SEÑOR HABIB

Llega hoy a Tegucigalpa el presidente guatemalteco, ingeniero Vinicio Cerezo, para entrevistarse con el presidente hondureño, ingeniero José Simón Azcona del Hoyo, y tratar con éste el problema de la suspensión de la cumbre de presidentes de Centroamérica, boicoteada por el presidente salvadoreño, ingeniero Napoleón Duarte.

Al parecer, la ingeniería política centroamericana no funciona, y el mandatario guatemalteco se ha echado sobre sí la tarea de hacerla andar. Para ello necesita que sus colegas salvadoreño y hondureño cambien de voluntad, y se unan al proyecto de pacificación concernido en el Plan Arias, a punto de naufragar en los escollos de la diplomacia norteamericana.

Todo el mundo comprende los actuales sucesos relacionados con la reunión de mandatarios del istmo programada para el 25 y 26 de este mes, que trata de rescatar el presidente Cerezo.

La coincidencia de la visita del embajador itinerante para Centroamérica del presidente Reagan, señor Felipe Habib, con el torpedo lanzado desde San Salvador al cónclave centroamericano de Guatemala es más que sugestivo. En el ginol regional, esta vez le tocó el turno al presidente Duarte, quien no ha tenido empacho para cumplir con ese rol.

Honduras no estaba en condiciones apropiadas para protagonizar ese juego. Comprometido su gobierno hasta el tuétano con las reuniones de los líderes antisandinistas –de la UNO y de los Miskitos-, poca moral podía haber tenido siquiera para protestar por la cancelación de la reunión de cancilleres en el puerto de Tela.

En el trasfondo de esta cuestión resalta, sin duda, el convencimiento de que en la reunión de mandatarios del istmo en Guatemala el gobierno sandinista mostraría su disposición de insertarse en el Plan Arias. Si no hubiera sido así, la reunión se habría realizado aun sin la presencia de Nicaragua para reforzar el aislamiento tan del gusto de la Casa Blanca para los sandinistas.

Los argumentos del presidente Duarte salen sobrando. No había pensado en su viaje a Europa, para principios de julio cuando aceptó su concurrencia a Guatemala. Tampoco mostró tanta preocupación por el cónclave de cancilleres, hasta que Washington dijo estar inquieto por la conclusión de un arreglo que no tomara en cuenta los intereses estratégicos de los Estados Unidos en la región.

La misma actuación de Costa Rica es altamente sugerente. El canciller tico, abogado Rodrigo Madrigal Nieto, se apresura a aceptar y anunciar desde la Casa Presidencial de Tegucigalpa la cancelación de la "cumbre". Un paso insólito si tomamos en cuenta que el mismo anfitrión –Guatemala- era el llamado para hacerlo y ni siquiera fue consultado.

Obviamente hay una discrepancia entre los objetivos del presidente Cerezo con su plan, y los del canciller Madrigal Nieto. Eso salta a la vista, al punto de pensar en un gato encerrado. El presidente Cerezo, entonces, acepta a regañadientes una posposición, pero de pocos días para realizar la consulta de cancilleres preparatoria. Pero no más.

El presidente Cerezo no llega a tanto. Estima, con razón, que, si hay buena voluntad, bien podría hacerse la cumbre en la fecha prevista, lo cual no interfiere para nada con el paseo del presidente Duarte por las Europas. Al contrario, le serviría al gobernante cuscatleco para llegar al viejo continente con una aureola de estadista serio y un tanto independiente.

Pero el presidente Duarte no puede apartarse del libreto en este drama. Y pide una posposición hasta agosto, como dando tiempo a que el pescado se pudra. Con Honduras no hay problema porque no tiene política, al parecer. Irá si van la mayoría, y firmará si firman tres de los gobernantes. Así de fácil.

Por los resultados, el señor Habib cumplió con su misión, aunque dijo con ese poder persuasivo propio de la simulación oriental que la Casa Blanca no interferirá nunca en contra de la cumbre de presidentes de Centroamérica ni en contra de la realización del Plan Arias.

Esto hay necesidad de consignarlo para lo que valen las palabras.

TIEMPO/16 DE JUNIO DE 1987

OBSEQUIOS PARA EL PRESIDENTE AZCONA Y EL GENERAL REGALADO

El señor Narsri M. Canavati, hombre de negocios de Israel que durante muchos años vivió en Honduras, hizo entrega de sendos regalos al presidente de Honduras José Azcona del Hoyo y al Jefe de las Fuerzas Armadas general Humberto Regalado Hernández, los altos dignatarios hondureños recibieron los regalos en presencia de los embajadores Sholomo Cohen y Moisés Starkman. (Foto Salinas).

LA PRENSA/16 DE JUNIO DE 1987

EL PRESIDENTE REGALÓ CUADROS DE PINTORES HONDUREÑOS

El presidente de Honduras, José Azcona del Hoyo, quien estuvo recientemente de gira por Holanda e Israel, llevó cuadros de pintores hondureños para obsequiar a los dignatarios, funcionarios y a sus amistades en esos países.

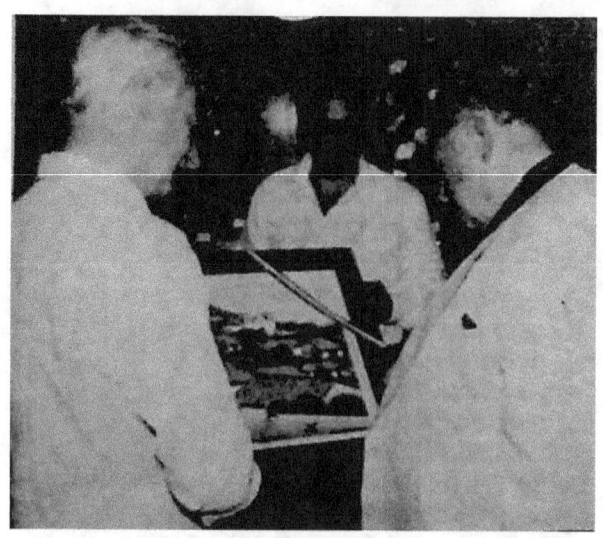

El presidente Azcona, entrega cuadros de los artistas hondureños Tulio Velásquez y Jorge Lanza al alcalde de Jerusalén y a un funcionario del gobierno israelita en presencia de los embajadores Sholomo Cohen y Moisés Starkman. (*Foto Aulberto Salinas*)

LA PRENSA/16 DE JUNIO DE 1987

LOS EMBAJADORES STARKMAN OFRECIERON RECEPCIÓN A COMITIVA PRESIDENCIAL

El embajador de Honduras en Israel, Moisés Starkman y su esposa, ofrecieron recepciones en honor del presidente Azcona, y su esposa Miriam, del jefe de las Fuerzas Armadas, general Humberto Regalado Hernández y de la comitiva presidencial que visitó la nación israelí,

El mandatario hondureño y todos los funcionarios que le acompañaban recibieron atenciones especiales de parte de los embajadores Starkman y de los funcionarios de la misión diplomática hondureña.

Las señoras de Starkman y de Azcona, el embajador hondureño y el presidente Azcona y dos miembros de la embajada de Honduras. (Foto Aulberto Salinas)

El embajador hondureño Moisés Starkman, saluda al mandatario de Honduras a su arribo a Israel. (Foto Aulberto Salinas).

El presidente de Honduras posó en compañía de invitados especiales a la embajada hondureña. (Foto A. Salinas)

LA PRENSA/16 DE JUNIO DE 1987

HOY LLEGA PRESIDENTE DE GUATEMALA

TEGUCIGALPA. - El presidente guatemalteco Vinicio Cerezo Arévalo arribará hoy al país en visita oficial al gobernante hondureño, José Azcona Hoyo, para dialogar sobre la suspensión de la Cumbre de Mandatarios Centroamericanos que se había programado para el 25 y 26 de junio.

Antes de que los gobiernos de Honduras y Costa Rica anunciaran el viernes recién pasado la decisión de posponer el encuentro de presidentes, esa propuesta del presidente salvadoreño Napoleón Duarte, Cerezo anunció una visita al ingeniero Azcona Hoyo.

Se presumía que a raíz de la cancelación de la cumbre el gobernante guatemalteco había desistido de venir a Honduras, pero un funcionario de la embajada de ese país en Honduras dijo a LA PRENSA ayer que hasta el momento sólo sabían que Cerezo llega hoy en un avión privado de su gobierno, posiblemente a las nueve de la mañana.

De acuerdo a los cables internacionales conocidos después de la anunciada cancelación de la reunión cumbre de mandatarios, el presidente de Guatemala se encuentra "sorprendido" de la actitud tomada por Duarte y el apoyo que recibió de Azcona y Arias Sánchez.

Se había dicho que Cerezo planteará a los demás jefes de gobierno la necesidad de aunar esfuerzos para que se realice la reunión en los días previstos tomando en cuenta que aún hay tiempo para que se realice una sesión preparatoria de cancilleres para efectuar las respectivas observaciones en los países al plan regional de la paz promovido por el doctor Oscar Arias Sánchez, presidente de Costa Rica.

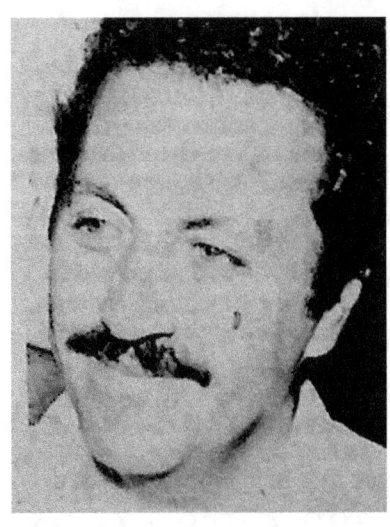

Vinicio Cerezo Arévalo

LA PRENSA/16 DE JUNIO DE 1987

ARIAS ESTARÍA DE ACUERDO CON POSPONER LA CITA

INDIANAPOLIS (INDIANA, EE. UU) 16 JUN. (EFE). - El Presidente de Costa Rica, Oscar Arias, dijo hoy que estaría de acuerdo en que la cumbre de presidentes centroamericanos se celebre a principios de agosto próximo, pero dijo que el peor enemigo de su iniciativa de paz sería "un aplazamiento indefinido".

En una conferencia de prensa celebrada en esta ciudad norteamericana Arias dijo que estaría de acuerdo en que el encuentro se fije para la primera semana de agosto próximo, como han propuesto hoy en Tegucigalpa, los presidentes José Azcona, de Honduras, y Vinicio Cerezo, de Guatemala.

El presidente costarricense dio a entender que más allá de agosto, el encuentro "Esquipulas II" perdería interés.

Arias se reunirá mañana, miércoles en Washington, con el presidente norteamericano, Ronald Reagan, con quien tratará su iniciativa de paz, cuyas "áreas de acuerdo y puntos de discrepancia" se discutirán, informó a EFE, el embajador de Costa Rica, en Estados Unidos, Guido Fernández.

El presidente costarricense dijo en su rueda de prensa que se mostraría "flexible sobre posibles modificaciones a su plan", pero no en cuanto a una postergación del encuentro de líderes centroamericanos porque, en esas circunstancias, su iniciativa correría la misma suerte de otras, como la del Grupo de Contadora.

El encuentro, previsto inicialmente para el 25 y 26 de este mes en Esquipulas (Guatemala), fue aplazado a petición del presidente salvadoreño, José Napoleón Duarte.

LA PRENSA/17 DE JUNIO DE 1987

PRESIDENTES DE ACUERDO EN APLAZAR CUMBRE

Sólo el gobernante nicaragüense no se ha pronunciado de acuerdo con el cambio de fecha.

Los presidentes de Honduras y Guatemala, José Azcona y Vinicio Cerezo, reunidos por unas tres horas en Tegucigalpa, propusieron a sus colegas centroamericanos una reunión cumbre el 6 y 7 de agosto, así como la celebración de citas previas de cancilleres. Los mandatarios de Costa Rica y El Salvador, se mostraron de acuerdo con el aplazamiento de la fecha.

LA PRENSA/17 DE JUNIO DE 1987

Falta decisión de Arias y Ortega

TRES PRESIDENTES DE ACUERDO CON POSPOSICIÓN DE LA CUMBRE

TEGUCIGALPA. - (Por Faustino Ordóñez Baca), - Los presidentes de Honduras y Guatemala, José Azcona y Vinicio Cerezo, respectivamente, acordaron ayer aquí celebrar la cumbre de mandatarios centroamericanos tentativamente los días 6 y 7 de agosto próximo para lo cual, ya cuentan con el apoyo del presidente salvadoreño José Napoleón Duarte.

Azcona y Cerezo acompañados de sus respectivos cancilleres, se reunieron hora y media en la Fuerza Aérea Hondureña para discutir el giro que había dado la posposición del encuentro "Esquipulas II" que no se realizó los días previstos a raíz de la iniciativa del Gobierno de El Salvador.

En la reunión de ayer también se determinó celebrar tres encuentros preparatorios de cancilleres del área, los que tendrán lugar previa las consultas respectivas, en las ciudades de Tegucigalpa, Managua y San Salvador.

Previo al encuentro entre el mandatario de Honduras y Guatemala, el ministro de Relaciones Exteriores de este país, Mario Quiñónez Amesquita dialogó ampliamente con el gobernante salvadoreño Napoleón Duarte, quien estuvo de acuerdo con la propuesta guatemalteca de realizar la cumbre los días 6 y 7 de agosto.

Falta por conocer la opinión de los presidentes de Nicaragua, Daniel Ortega y de Costa Rica, Oscar Arias, sobre la disposición de reunirse en las fechas antes apuntadas, pero dado el grado de optimismo reflejado en Azcona Hoyo y Cerezo Arévalo todo indica que la reunión se efectuará en estos días.

Cerezo llegó a la base "Hernán Acosta Mejía", a las 9:30 de la mañana en un avión color blanco y azul con matrícula, 1467 propiedad de la Fuerza Aérea Guatemalteca, la reunión inició 10 minutos después y finalizó a las 11:15 de la mañana.

Ambos mandatarios acordaron que, en las tres reuniones de cancilleres, de las cuales la tercera dará una pauta del fracaso o éxito de la cumbre de mandatarios, los diplomáticos se encargarán de discutir, ampliar y establecer las respectivas observaciones de cada uno de los países al plan regional de paz del Presidente de Costa Rica que será objeto de discusión en Esquipulas II.

Este plan contiene diez puntos entre los que destacan un cese inmediato al fuego, suspensión de la ayuda a la contra, celebración de elecciones libres y honestas en Nicaragua, reducción del armamentismo y la disminución de asesores extranjeros.

Cada uno de los gobernantes del área, incluido el de Estados Unidos, tiene sus observaciones a este proyecto de paz, pero las mismas no han sido trascendidas a la opinión pública centroamericana por razones obvias.

Cerezo y Azcona no fijaron las fechas en que deberán reunirse los cinco cancilleres del área, pero según informaciones procedentes de Costa Rica, se dice que éstas podrían tener lugar los días 26 de junio, 20 de julio y 30 de julio.

Nuevamente los periodistas tuvieron grandes dificultades para cubrir este tipo de informaciones dado el marcado sistema de seguridad impuesto en la Fuerza Aérea Hondureña, los comunicadores sociales tuvieron que esperar casi tres horas para conseguir el acceso a la base aérea. Previo a una serie de advertencias de los oficiales que amenazaron con decomisar películas y cámaras si se tomaban fotos a las instalaciones.

Los presidentes de Honduras y Guatemala se reunieron ayer en Tegucigalpa para discutir sobre aspectos regionales.

LA PRENSA/17 DE JUNIO DE 1987

Cerezo:

CUMBRE PUEDE SER PRIMERA DE UNA SERIE DE ENCUENTROS.

TEGUCIGALPA. - Si la cumbre de presidentes no refleja resultados positivos para la paz centroamericana, se tendrá que hacer otras más "porque este es un proceso arduo y difícil", declaró el presidente guatemalteco Marco Vinicio Cerezo Arévalo.

El mandatario guatemalteco vestido de traje "beige" dijo que la reunión que posiblemente se celebre en su país "no tiene que ser la última pues puede ser la primera de una serie ya que el proceso para la paz es arduo y difícil".

"Las intenciones por lo menos firmar las bases de un acuerdo alrededor del Plan Arias que siente las bases de un proceso más prolongado", dijo el jefe del ejecutivo guatemalteco.

"En Guatemala trataremos de cumplir con nuestros objetivos porque la decisión y la voluntad de los presidentes, es llegar a un acuerdo".

Cerezo reveló que su gobierno está preocupado porque le daba la impresión de que la cumbre de mandatarios corría el riesgo de cancelarse definitivamente.

Compartió la afirmación del presidente hondureño Azcona Hoyo en el sentido que ninguno de los países recibió presión alguna de Estados Unidos para suspender la reunión de mandatarios.

"Fue una actitud del gobierno de El Salvador que consideramos adecuada y no estaríamos dispuestos a aceptar ninguna presión de país alguno", dijo el gobernante de Guatemala.

Cuando fue consultado sobre los resultados que tuvo una reunión reciente con el jefe de las Fuerzas Armadas Panameñas, general Manuel Antonio Ortega, Cerezo dijo que el militar le planteó su deseo de participar en la cumbre en representación del presidente Erick Delvalle.

LA PRENSA/17 DE JUNIO DE 1987

SORPRENDIÓ A HONDURAS CAMBIO DE FECHA

TEGUCIGALPA. - El presidente José Azcona Hoyo dijo ayer que la propuesta a última hora del gobierno de El Salvador, José Napoleón Duarte, en el sentido de suspender la cumbre sorprendió a su gobierno.

Azcona Hoyo al término de la entrevista con el mandatario de Guatemala Vinicio Cerezo, reveló que su gobierno está preparado para acudir al encuentro los días previstos (25 y 26 de junio) pero dados los argumentos de Duarte, Honduras y Costa Rica, decidieron apoyarlo.

Sin embargo, el gobernante dijo que "el proyecto de Arias necesita ser más desarrollado y tal vez cambiar algunas de las secuencias, es decir, el orden en que aparecen expuestos los eventos".

Tras reafirmar que Honduras no pone ninguna objeción al proyecto de paz, ya que es un documento que se hizo con la mejor buena fe, Azcona indicó tener un alto concepto del presidente Arias de Costa Rica.

Respecto al creciente del armamentismo, que según el "Plan Arias" debe ser reducido en la zona, Azcona dijo que "Honduras está de acuerdo en que los países tengan un armamentismo de acuerdo a sus posibilidades".

Se mostró optimista en que el gobernante de Nicaragua, Daniel Ortega, aceptará participar en la cumbre que se celebrará en Guatemala los días 6 y 7 de agosto, tras el acuerdo a que se llegó con el presidente Vinicio Cerezo.

"No ha habido ninguna presión del gobierno norteamericano para aplazar la cumbre", aseguró el titular del ejecutivo, para luego agregar que ninguno de los países visitados por el enviado de Reagan, Philip Habib, recibieron presión alguna de este alto funcionario.

Azcona brindó declaraciones en forma simultánea con el presidente de Guatemala.

LA PRENSA/17 DE JUNIO DE 1987

PROPONEN AZCONA Y CEREZO:

CUMBRE PRESIDENCIAL SERÁ EL SEIS Y SIETE DE AGOSTO

***Previamente habrá tres reuniones de cancilleres para afinar Plan Arias.*
Duarte aceptó ya cambio de fechas.

Los presidentes Vinicio Cerezo de Guatemala y José Azcona de Honduras acordaron ayer en Tegucigalpa proponer a sus colegas centroamericanos que la reunión cumbre presidencial se lleve a cabo los días seis y siete de agosto próximos en Guatemala.

El presidente salvadoreño, José Napoleón Duarte, aceptó de inmediato la propuesta al ser consultado telefónicamente por Cerezo y Azcona, quienes se reunieron por espacio de dos horas en una base aérea de esta capital.

Los tres presidentes acordaron además que los cancilleres de los cinco países centroamericanos se reúnan en tres oportunidades antes de la reunión conocida como Esquipulas II y confiaron en que sus colegas Daniel Ortega de Nicaragua y Oscar Arias Sánchez de Costa Rica acepten su propuesta.

El logro de una nueva fecha para la cumbre centroamericana, en la que se analizará el Plan de Pacificación Regional, propuesto por el presidente de Costa Rica, se debe principalmente a la iniciativa personal del presidente Cerezo de Guatemala que inició el día lunes una ofensiva diplomática para evitar que fracasara la negociación al más alto nivel.

Cerezo envió a su ministro de Relaciones Exteriores, Mario Quiñónez Amézquita, a El Salvador y Honduras para que indagara las verdaderas causas por las cuales estos países solicitaron la suspensión de la reunión de Guatemala y la posibilidad de negociar una nueva fecha para su celebración.

HAY VOLUNTAD DE UN ACUERDO

El presidente Cerezo también se movilizó ayer y llegó a Tegucigalpa para procurar que no se produjera una cancelación definitiva de la reunión presidencial, según declaró al término de su entrevista con Azcona Hoyo.

Ambos gobernantes se reunieron en la Base Aérea Hernán Acosta Mejía de Tegucigalpa en compañía de los cancilleres Carlos López Contreras de Honduras y Quiñónez Amézquita de Guatemala.

Al término del diálogo bilateral, Azcona anunció que habían decidido, de común acuerdo con el presidente salvadoreño, celebrar la reunión cumbre los días seis y siete de agosto, siempre en Ciudad Guatemala.

Azcona añadió que las nuevas fechas serían comunicadas a los presidentes de Nicaragua y Costa Rica, pero adelantó su opinión de que ambos gobernantes estarán de acuerdo con el cambio que se ha producido.

El presidente hondureño informó además que antes de la cumbre presidencial se celebrarán tres reuniones de cancilleres en Honduras, Nicaragua y El Salvador para estudiar el Plan Arias y fijar una posición más elaborada de parte de cada presidente.

Cerezo indicó que ha encontrado voluntad para un acuerdo en todos los presidentes, pero adelantó que si no se logra un acuerdo en Guatemala existe la intención de celebrar nuevas reuniones.

NO HAY PRESIONES DE EE.UU.

Ambos gobernantes negaron que hayan sido presionados por los Estados Unidos para posponer la cumbre de presidentes, tal como se informó a raíz de la visita que hiciera a la región el negociador del presidente Reagan para Centroamérica, Philip Habib.

"Hemos intercambiado información al respecto y concluimos que no han habido presiones de los Estados Unidos ni estamos dispuestos a aceptarlas", sostuvo el presidente de Guatemala.

Su colega hondureño recordó que el viernes anterior le había dicho al canciller de Costa Rica, Rodrigo Madrigal, que asistiría a la reunión de Guatemala y que horas después, cuando se conoció la posición del presidente Duarte de El Salvador, en favor de la suspensión, el mismo Madrigal le consultó "para ver cómo podíamos bajarle la importancia a las declaraciones de Duarte, las que me tomaron totalmente desprevenido".

Azcona elogió la personalidad del presidente costarricense, pero indicó, que el Plan Arias necesita ser más desarrollado.

"Por ejemplo, dijo Azcona, es necesario cambiar algunas secuencias del Plan y alterar el orden en que aparecen los eventos y precisamente eso es lo que vamos a hacer en Guatemala".

Para concluir, dijo que su gobierno está de acuerdo en que los países de la región tengan armamento para su defensa y de acuerdo a sus posibilidades económicas.

Decenas de periodistas y fotógrafos participaron en la improvisada conferencia de prensa que se realizó en el aeropuerto. (*Foto Salgado*).

El momento de la bienvenida al pie de la escalerilla del avión. Cerezo regresó ayer mismo a su país. (*Foto Serrano*).

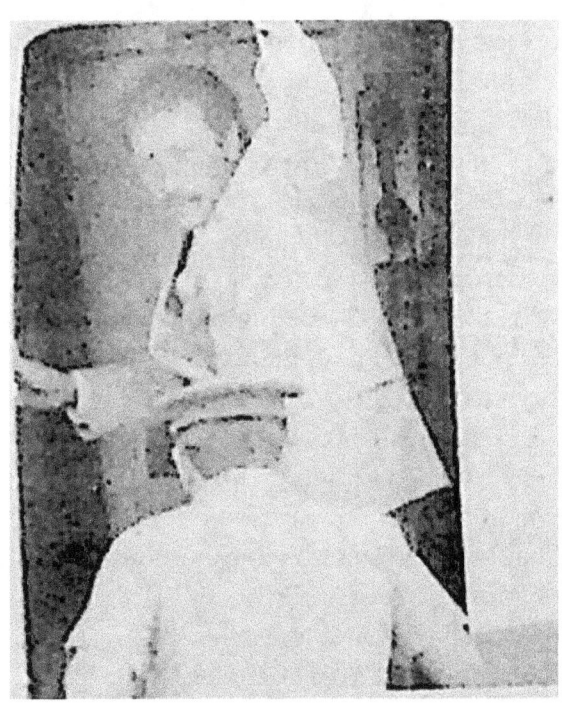

Cerezo se despide de sus anfitriones una vez concluida la cita con el mandatario hondureño. (*Foto Salgado*).

EL HERALDO /17 DE JUNIO DE 1987

EDITORIAL
DE NUEVO "LA CUMBRE"

Reafirmando la conducta de plena y comprobada vocación pacifista de Honduras, el demócrata presidente José Azcona Hoyo recibió en Tegucigalpa a su colega Vinicio Cerezo, presidente de la hermana república de Guatemala para discutir, como al efecto se hizo, el futuro de la llamada "cumbre centroamericana", en momentos congestionados por la incertidumbre debido a la suspensión del cónclave la semana anterior.

El propio acto de la suspensión fue motivo para que el régimen sandinista y los voceros oficiosos de éste y del movimiento izquierdista del área impulsaran una vigorosa campaña difamatoria en contra de nuestro país, del gobierno salvadoreño que solicitó la moratoria de la "cumbre" y en contra de la administración del presidente Reagan a la que culpan de todas las desgracias que sacuden al Istmo centroamericano.

Sin embargo, a estas alturas todos comprendemos con propiedad la justicia que le asistía a Honduras de hacer valer los serios compromisos contraídos por los gobiernos centroamericanos en el sentido de que todos los cancilleres concurrieran a la cita que con antelación había sido preparada en la ciudad de Tela, previa a la reunión presidencial en Guatemala.

Resulta que tal compromiso fue objeto de negociación entre Guatemala y los sandinistas entronizados en Nicaragua. Diario EL HERALDO informó en su entrega del jueves anterior que en nuestra cancillería había desconcierto y sorpresa por el anuncio guatemalteco de programar una reunión de cancilleres de la región para los días 23 y 24 de los corrientes, fechas en las cuales se habían comprometido a reunirse en Tela.

En la misma nota periodística el canciller hondureño López Contreras consignó la extrañeza por la actitud de Guatemala de programar una reunión de cancilleres en su territorio cuando existía el compromiso en Tela. "Es extraño que un invitado convoque a una reunión para la que se había comprometido con antelación", dijo el canciller hondureño. Agregó que los cinco cancilleres habían confirmado su asistencia a la cita en Tela.

En verdad los informes diplomáticos señalaban en ese momento que un compromiso se había concertado entre los gobiernos de Guatemala y Nicaragua encaminado a sostener conversaciones bilaterales los días 23 y 24 de junio, "a los cuales no hemos sido invitados ni estamos considerando asistir por las razones antes expuestas", sostuvo el ministro hondureño.

Honduras siempre mantuvo el criterio de que era necesaria la reunión de los cancilleres centroamericanos previa a la cita presidencial en Guatemala. Renegada ésta por Guatemala y Nicaragua los términos de las negociaciones sobre la base presidencial centroamericana entraron en un proceso de debilitamiento que condujo a la solicitud del presidente Duarte de El Salvador de posponer la "cumbre" hasta tanto los cancilleres no levantaran un documento base de negociación que sirviera a los jefes de Estado.

De conformidad a las declaraciones de los presidentes Azcona y Cerezo formuladas al término de su entrevista, la cumbre centroamericana se encuentra a salvo y firme para los días 6 y 7 de agosto, previas unas tres reuniones del grupo de cancilleres centroamericanos. Este nuevo calendario cuenta con la simpatía de los jefes de Estado de El Salvador (el que fue consultado telefónicamente), del visitante Vinicio Cerezo y de su anfitrión Azcona Hoyo. Cerezo sostuvo que sus colegas de Nicaragua Daniel Ortega y Oscar Arias de Costa Rica serían solidarios en que la reunión se llevara a cabo en las fechas previstas.

Despejado el panorama inmediato de la "cumbre" presidencial quedan las falacias, por un lado, del coro izquierdista en cuanto a las causas que influenciaron negativamente la suspensión de la cita para este mes de junio y por el otro las perspectivas de que los diálogos fructifiquen en la construcción de un ambiente de paz, cuando es precisamente la ausencia de modelos esencialmente democráticos lo que perturba la tranquilidad que urgen los pueblos centroamericanos para abocarse al trabajo diario por su propia dignificación y progreso.

En este orden de ideas el pueblo hondureño viene postulando la necesidad de que la paz centroamericana debe tener su origen en el ejercicio democrático pleno. Los hondureños anhelamos ser los constructores de nuestros propios destinos, que quienes nos gobiernan sean producto de nuestros deseos manifestados en elecciones libres y honestas, que nuestros derechos como ciudadanos sean respetados por los poderes públicos y que éstos no utilicen los poderosos mecanismos del Estado para reducir o nulificar el derecho de difundir nuestras ideas, ni de entorpecer el derecho que nos asiste para exteriorizar nuestros criterios en forma pública, ni enajenar nuestra propia personalidad en la imposición de trabajos, estudios, ideologías u obligarnos a rechazar nuestra inclinación hacia la religión o al trabajo privado.

Además, los hondureños no queremos que nadie se perpetúe en las estructuras del poder político erigiéndose en juez de los actos que le corresponden al pueblo por derechos irrenunciables. Si ésta es precisamente la razón de nuestras aspiraciones como una Nación libre y soberana, mal haríamos en estar pugnando a favor de emplazamientos militaristas de carácter expansivo. En todo caso nos hemos limitado a construir defensas ante el avance de líneas guerreristas alimentadas por las fuerzas políticas y militares que tiranizan a Nicaragua, desde que la revolución democrática fuera traicionada por los agentes soviéticos enfundados en los trajes del sandinismo.

Por eso concurrimos a todos los diálogos o parlamentos inspirados en la razón histórica que nos anima, sabedores que nuestra causa es fundamentalmente la esencia de toda vivencia pacífica; pero esta conducta no debe interpretarse como un acto de debilidad institucional o de ingenuidad política.

EL HERALDO/17 DE JUNIO DE 1987

ASEGURA MONTOYA: NACIONALISTAS Y LIBERALES APOYAN POLÍTICA EXTERIOR DE AZCONA HOYO

Carlos Montoya, convertido en vocero de la bancada liberal (la afín a su movimiento) y de la nacionalista, dijo ayer que estas apoyan totalmente la política exterior del gobierno de José Azcona Hoyo.

"Los dos partidos (Nacional y Liberal) apoyamos la política exterior del gobierno y queremos ser optimistas sobre las nuevas fechas que se han acordado para la reunión cumbre de presidentes del área centroamericana".

La bancada nacionalista a través de su jefe de grupo, Mario Rivera López, ha ofrecido el apoyo al presidente José Azcona Hoyo en lo que a la búsqueda de la paz en la región se refiere.

El titular del Legislativo dijo que el Congreso Nacional respalda a Azcona Hoyo para firmar o no firmar acuerdos. "Debe saber que tiene el respaldo de los dos partidos mayoritarios", sostuvo.

Refiriéndose a Nicaragua, expresó que mientras exista un régimen opresor y que reprima al pueblo es difícil que pueda haber acuerdos, es necesario que se dé libertad política, opinó Montoya.

EUA NO BOICOTEA CUMBRE

El presidente del Congreso aseguró que los Estados Unidos no boicoteó en ninguna forma la reunión cumbre de mandatarios que se tenía preparada para el 25 y 26 de este mes.

Según el político el interés de la administración Reagan es que el acuerdo por la búsqueda de la paz en la región sea entre todos los países involucrados en el problema, pues de lo contrario nada se estaría haciendo.

Montoya en estos últimos días se ha estado reuniendo con los representantes de la administración Reagan, quienes han llegado en visitas misteriosas al país.

TNE DEBE DECLARAR DESIERTAS ELECCIONES

Por otra parte, sostuvo que es el Tribunal Nacional de Elecciones quien está en la obligación de declarar desiertas las elecciones municipales.

La semana anterior, después de serias discusiones se aprobó un informe en la Cámara Legislativa, en el cual se solicitaba al TNE que en vista que se habían cumplido los plazos previstos para la inscripción de las planillas, el organismo declarara desiertos los comicios municipales.

Carlos Montoya dijo que "el Tribunal es quien tiene que resolver el problema de las municipalidades y en el terreno de la práctica".

EL HERALDO/17 DE JUNIO DE 1987

MONTOYA: CONGRESO NO TIENE QUE VER CON CASO "TEMIS"

El presidente del Congreso Nacional, Carlos Montoya, dijo ayer que ese poder del Estado no tiene nada que ver con la indemnización al puertorriqueño Temístocles Ramírez.

Con lo anterior el titular del Legislativo desmintió al vice-presidente del mismo organismo, Jacobo Hernández Cruz, quien en declaraciones brindadas a la prensa aseguró que el presidente José Azcona Hoyo no puede indemnizar a "Temis" hasta mientras tanto no conozca de ello el Congreso Nacional.

Según Carlos Montoya los reclamos que hace el puertorriqueño no son al gobierno de Honduras, sino a la administración Reagan que tiene establecido en sus leyes reconocer las expropiaciones que sufran sus ciudadanos.

"Es un dinero de ellos y si allí condicionan lo de Temístocles es una forma de arreglar sus problemas", sostuvo Montoya al referirse a los cuestionamientos que se hacen por algunos sectores hondureños, que reclaman que no debe pagarse a el puertorriqueño.

Luego dijo "no es con dinero de Honduras que se le va a pagar a "Temis", es con las ayudas externas y quiera o no el gobierno siempre ellos le van a cancelar la indemnización".

Lo que sí se puede hacer con el dinero que reciba Temístocles es que exista un embargo por parte de las instituciones con las cuales este tiene cuentas pendientes.

Entre los organismos que pueden embargar perfectamente a Temístocles por esa cantidad millonaria que está a punto de recibir están la Empresa Nacional Portuaria, Empresa Nacional de Energía Eléctrica, Instituto Nacional Agrario y Hacienda y Crédito Público.

Carlos Montoya en sus declaraciones insistió en que el Congreso Nacional no tiene nada que ver con el caso de Temístocles, pues se está tratando con leyes vigentes y en todo caso sería la Corte Suprema de Justicia la que tendría que intervenir.

EL HERALDO/17 DE JUNIO DE 1987

SEGÚN CARLOS MONTOYA:
PUN APOYA CUALQUIER DECISIÓN DE AZCONA EN MATERIA DE POLÍTICA EXTERIOR

TEGUCIGALPA. - El presidente del Congreso Nacional, Carlos Montoya, saludó ayer la decisión de acordar una nueva cumbre de mandatarios centroamericanos para discutir el plan de paz Arias.

Montoya también aseguró que las bancadas mayoritarias de la Cámara, montoyista y callejista respaldan al presidente José Azcona en la firma de un acta de paz en Guatemala.

Los presidentes Azcona y Vinicio Cerezo de Guatemala acordaron el 6 y 7 de agosto como fechas para la celebración de una nueva cita de mandatarios del área.

El presidente del Congreso sostuvo que nacionalistas y azconistas apoyan cualquier decisión del régimen en materia de política exterior y que el presidente no se debe dejar guiar por la impresión de países que tienen una perspectiva diferente a la de Honduras.

Dijo que Nicaragua continúa siendo un peligro para las naciones del área y que sus vecinos no pueden darle la espalda al problema.

Advirtió que en los acuerdos de paz se deben incluir mecanismos de verificación de control en áreas tales como el desarme, el retiro de tropas extranjeras, entre otras. (GP).

MONTOYA

TIEMPO 17 DE JUNIO DE 1987

Según Tita de Mazariegos:
RAFAEL LEONARDO ES MÁS AZCONISTA QUE CALLEJISTA

TEGUCIGALPA. - Elizabeth "Tita" Zúniga de Mazariegos dijo ayer que Rafael Leonardo Callejas prefirió respaldar al gobierno que entrar en una lucha de oposición al gobierno liberal de José Azcona.

La hija del extinto líder cachureco Ricardo Zúniga Augustinus, anunció además que continuará activando en política, pues, según dijo, "lo llevo en la sangre".

En medios políticos se sabe que "Tita" apoya al grupo que lidera el licenciado Rafael Leonardo Callejas. Señaló que ya es tiempo que el callejismo asuma una actitud de oposición ante el régimen.

Dijo que, si el gobierno no adopta posiciones serias ante los problemas nacionales, como la ocupación de tierras sobrevendrá una situación difícil. "Tita" entrevistada por una radio local, aceptó que Callejas Romero es más azconista que callejista, debido al apoyo que presta al régimen liberal. (GP).

TIEMPO/17 DE JUNIO DE 1987

ASEGURA AZCONA:
GOBIERNO DE REAGAN NO PRESIONA PARA INDEMNIZAR A TEMÍSTOCLES

La administración Reagan está ayudando al gobierno de Honduras para que soslaye el problema de la indemnización al inversionista puertorriqueño, Temístocles Ramírez de Arellano, reveló ayer el presidente José Azcona Hoyo.

El mandatario aseguró que el gobierno del presidente Reagan no está presionando al de Honduras para que indemnice a Ramírez, sino que éste ha ido a la Cámara de Representantes de Estados Unidos para que se suspenda la ayuda económica que esa nación brinda a nuestro país.

Azcona informó que el tema fue abordado en la reunión que el pasado lunes sostuvo en la Casa de Gobierno con altos funcionarios de la Administración Reagan, encabezados por el Sub secretario de Defensa, Fred Ikle, y el secretario de Estado adjunto para Asuntos Latinoamericanos, Elliott Abrams.

"La opinión del pueblo hondureño es clara en el sentido de que no se debe indemnizar a Ramírez y la Administración Reagan nos está ayudando a ver cómo soslayamos el problema", apuntó Azcona.

Añadió que ni el embajador Everett Briggs ni otros funcionarios del gobierno de Estados Unidos le están presionando para que autorice la reparación de los daños causados a Ramírez por la expropiación de que fue objeto durante el gobierno anterior.

Ramírez afirma ser dueño de varias hectáreas de tierra en las que se instaló el Centro Regional de Entrenamiento Militar CREM, en las cercanías de Puerto Castilla, departamento de Colón.

Azcona comentó finalmente que "sería de repercusiones negativas que nos suspendieran la ayuda económica mientras no se indemnice a Ramírez".

AZCONA HOYO

EL HERALDO/17 DE JUNIO DE 1987

22

ARIAS ACEPTA REUNIRSE HOY CON REAGAN

SAN JOSE, junio 16 (UPI)- Oscar Arias, presidente costarricense, quien participa en un seminario en Indianápolis, Estados Unidos, sobre la situación centroamericana, aceptó la invitación del presidente Ronald Reagan para una reunión de trabajo en Washington mañana (hoy).

La entrevista entre Arias y Reagan tiene como objetivo principal analizar los problemas que rodean a la cumbre centroamericana que se realizaría, originalmente, el 25 y 26 de junio, pero que ha sido pospuesta para el 6 y 7 de agosto por petición del presidente salvadoreño José Napoleón Duarte.

En la entrevista de mañana estarán presentes también los estadounidenses el jefe de Estado, Howard Baker, consejero de Seguridad Nacional, Franck Carlucci, el subsecretario de Estado para Asuntos Interamericanos, Elliot Abrams y el enviado especial de Estados Unidos para Centroamérica, Philip Habib.

"La invitación del presidente Reagan ha sido recibida con satisfacción por el gobernante costarricense", dijo la presidencia.

Arias se encuentra en visita oficial en Estados Unidos acompañado por su canciller, Rodrigo Madrigal.

TIEMPO/17 DE JUNIO DE 1987

Azcona:
MUNICIPALES DEBEN DECLARARSE DESIERTAS

A estas alturas es imposible celebrarlas.

TEGUCIGALPA. - El presidente José Azcona Hoyo dijo anoche que es imposible efectuar este año las elecciones municipales y que el Tribunal Nacional de Elecciones debe declararlas desiertas.

Azcona Hoyo dijo lo anterior en la sede del Consejo Central Ejecutivo del Partido Liberal (CCEPL) donde se reunió con los 7 aspirantes presidenciales liberales de su partido para definir lo relativo a la posición liberal en cuanto a las elecciones municipales.

Asimismo, fijar una fecha para la celebración de elecciones internas liberales, señaladas hasta ahora preliminarmente para el 6 de septiembre próximo.

El presidente dijo a un grupo de periodistas que asistía a estas reuniones "con un espíritu abierto de liberal, para ver si se puede llegar a un entendimiento sobre las elecciones internas del partido".

Azcona opinó que el 6 de septiembre "es una fecha bastante prudente (para las elecciones) no se deben prolongar más allá de septiembre y creo que ya los precandidatos deben estar listos con su gente para concurrir a esas elecciones".

En lo que respecta a las elecciones municipales, el presidente dijo que "las elecciones creo que se han declarado desiertas, porque ya no es posible celebrarlas en la fecha para la cual fueron convocadas, y también ninguno de los partidos con lo establecido en el artículo 19 de la Ley Electoral y de las Organizaciones Políticas.

"Ninguno de los partidos políticos, porque todos ellos tendrían que haber celebrado elecciones internas para la escogencia de candidatos dentro de los 6 meses anteriores a la fecha de la convocatoria de las elecciones".

Dijo que "la unidad del Partido Liberal", deberá surgir a través de comicios internos limpios y honestos, los perdedores deberán reconocer al ganador y apoyarlo cuando salga candidato".

Refiriéndose al papel que juega en la unificación del partido de gobierno Azcona dijo que "yo soy un liberal más que fui electo Presidente de la República con los votos de todos los liberales, porque la sumatoria de todos los votos fue la que me llevó a la Presidencia de la República".

"Creo—agregó—que debo poner mi grano de arena para la unidad del partido sin que por ello quiera decir que yo soy el líder único del partido ni mucho menos".

Interrogado por TIEMPO sobre si se descartan las elecciones municipales este año dijo que "por ahora", tienen que ponerse de acuerdo los partidos por si hay esas elecciones.

Lo que si—es cierto—apuntó—es que a estas alturas ya no es posible celebrar las elecciones municipales el último domingo de noviembre.

"Y también es cierto que las elecciones tuvieron que ser declaradas desiertas, porque ninguno de los partidos ni los que están diciendo ahora que deben realizarse las elecciones cumplieron con el requisito de celebrar elecciones internas dentro de su partido para la escogencia de sus candidatos".

Azcona Hoyo dijo que el deber de los liberales, es apoyar al gobierno liberal, el que no lo haga, cada quien tendrá que atenerse a lo que piense. Nosotros hemos sido muy claros al respetar el criterio de todos los liberales, no nos vamos a meter en una lucha interna del partido.

"No vamos a ser tampoco nosotros los culpables si el Partido Liberal no gana en las próximas elecciones, porque este gobierno va ser en pro de Honduras".

Dijo que él apoyará al candidato presidencial que salga electo por la voluntad de los liberales.

AZCONA HOYO

TIEMPO/17 DE JUNIO DE 1987

24

AZCONA Y CEREZO DE ACUERDO: LA CUMBRE DE PRESIDENTES EN AGOSTO

TEGUCIGALPA. - Los presidentes de Honduras y Guatemala, José Azcona Hoyo y Vinicio Cerezo Arévalo, acordaron ayer proponer a los presidentes de Nicaragua, Costa Rica y El Salvador, que la reunión de mandatarios centroamericanos se realice los días 6 y 7 de agosto próximo en Guatemala.

El presidente guatemalteco llegó ayer a Tegucigalpa a las 9:30 de la mañana, en un avión bimotor de la Fuerza Aérea de Guatemala, y se reunió con el presidente Azcona, durante una hora y media, para intercambiar impresiones sobre la posposición de la reunión cumbre que se llevará a cabo en Guatemala el 25 y 26 de este mes.

La reunión de Azcona y Cerezo se realizó en la Base Militar Aérea "Hernán Acosta Mejía", en medio de fuertes medidas de seguridad, a tal grado que en principio se tenía contemplado negar el acceso a los periodistas.

Previa a la reunión de los mandatarios, los cancilleres de Guatemala, Mario Quiñónez Amésquita, y de Honduras, Carlos López Contreras, para analizar si convenía o no prorrogar la fecha de la reunión cumbre de presidentes.

En una conferencia improvisada, Azcona y Cerezo manifestaron que en la reunión convinieron fijar como fecha tentativa los días 6 y 7 de agosto para la cumbre de mandatarios centroamericanos, y que será sometida a consideración de los presidentes de Nicaragua, Daniel Ortega, y de Costa Rica, Oscar Arias Sánchez, puesto que el presidente de El Salvador, José Napoleón Duarte, ya dio su visto bueno.

Se acordó también que previa a la reunión de presidentes centroamericanos, se llevaran a cabo tres reuniones de los cancilleres de los cinco países, programándose la primera en Honduras, la segunda en Nicaragua y la última en El Salvador.

"Esta es una aspiración de los presidentes de Guatemala y Honduras, y esperamos que los otros presidentes también acojan esta necesidad de reuniones previas", dijo el presidente Azcona.

Agregó que dichas reuniones de cancilleres tendrán como objetivo estudiar el Plan Arias y "fijar algunas secuencias de ese documento, para llevar un poquito más elaborada la posición de los presidentes a Guatemala". (TDG).

Los presidentes José Azcona y Vinicio Cerezo de Honduras y Guatemala, respectivamente, acordaron ayer que la reunión cumbre centroamericana se realice en agosto, en una reunión privada realizada en la base aérea "Hernán Acosta Mejía".

TIEMPO/17 DE JUNIO DE 1987

SUSPENSIÓN DE REUNIÓN DE MANDATARIOS OBEDECE A PLAN GUERRERISTA DE REAGAN

SAN PEDRO SULA. - El partido Social Demócrata de Honduras (PSDH) expone ante la opinión pública nacional y centroamericana que la reciente visita del emisario norteamericano Philip Habib a Honduras y El Salvador tuvo la finalidad de "boicotear" el plan de paz del mandatario costarricense Oscar Arias.

Arguye el PSDH que, tras la visita de Habib, en su condición de enviado especial de la administración Reagan, arribaron también a Tegucigalpa el sub-secretario de Estado Adjunto para Asuntos Interamericanos, Elliot Abrams, y el sub-secretario de Defensa de Estados Unidos, Fred Ikle, para reforzar ante el presidente José Azcona Hoyo la posposición de la reunión de mandatarios del área en Guatemala.

El PSDH califica a Elliot Abrams como el artífice de la ayuda estadounidense a la contrarrevolución nicaragüense y acusa a Honduras de defensor de los intereses norteamericanos, señalando además que "el territorio nacional es utilizado como espacio vital de soporte al ejército somocista", para agredir a Nicaragua.

Asimismo, apunta que la suspensión de la cita de presidentes del área en Guatemala se debe, de acuerdo a la "estrategia guerrerista de la administración Reagan", a que el ejército salvadoreño podrá en las próximas semanas asestar golpes contundentes a la guerrilla y que entonces el gobierno de Napoleón Duarte "la obligará a negociar en condiciones favorables a la clase dominante".

Agrega al respecto que la "ayuda norteamericana a la contra revolución nicaragüense se triplicará" y, según cálculos del Pentágono, "los sabotajes se incrementarán para abarcar más espacio territorial (en Nicaragua)", por tanto, el gobierno sandinista se verá obligado a incluir en las negociaciones de paz a los contrarrevolucionarios.

TIEMPO/17 DE JUNIO DE 1987

PRESIDENTE DE LA REPÚBLICA: EE.UU. NO PRESIONA

TEGUCIGALPA. - El presidente José Azcona Hoyo negó ayer que haya sido presionado por la administración Reagan para que junto con los presidentes de El Salvador y Costa Rica acordara la suspensión de la reunión cumbre de mandatarios centroamericanos que se llevaría a cabo los días 25 y 26 de este mes en Guatemala.

La cumbre de presidentes centroamericanos se suspendió inmediatamente después de la visita que el enviado especial de los Estados Unidos, Philip Habib, realizó a Honduras, Costa Rica, El Salvador y Guatemala, por lo que se supone que hubo presiones de la administración Reagan.

Azcona dijo que "yo creo que no es cierto de esa presión, hemos hablado de eso con el presidente Cerezo y se ha manifestado que de ninguna manera han recibido presiones, y yo también quiero decirles que el gobierno de Honduras no ha recibido ninguna presión en ese sentido".

Al referirse al plan de paz del presidente costarricense Oscar Arias Sánchez, Azcona Hoyo manifestó que "se hizo con la mejor buena fe, tenemos los más altos conceptos del presidente Arias, es un hombre demócrata y bien intencionado. El problema es que ese documento al que hemos acogido como el documento base, necesita ser más desarrollado, o tal vez cambiadas algunas de las secuencias o el orden en que aparecen los eventos, eso es lo más importante".

"No hay ninguna objeción al Plan Arias, pero insistimos en que debemos desarrollarlo y tal vez cambiar las secuencias de los eventos que allí se estipulan", agregó.

En cuanto a la reducción del armamentismo planteado en el Plan Arias, el presidente Azcona expresó que "nosotros estamos de acuerdo de que los países tengan un armamentismo de acuerdo a sus posibilidades y que no incida en el desarrollo económico de los mismos". (TDG)

Periodistas nacionales y extranjeros se aglomeran cuando el presidente hondureño José Azcona recibía a su homólogo guatemalteco Vinicio Cerezo, ayer en la capital.

TIEMPO/17 DE JUNIO DE 1987

VOLUNTAD ES LLEGAR A UN ACUERDO: VINICIO

TEGUCIGALPA. - El presidente de Guatemala, Vinicio Cerezo Arévalo, dijo ayer que su gobierno no estaría dispuesto a aceptar presiones de la administración Reagan para que se suspenda definitivamente la reunión cumbre de presidentes centroamericanos.

Indicó que la reunión de mandatarios centroamericanos programada para llevarse a cabo el 25 y 26 de este mes, se suspendió a solicitud del presidente de El Salvador, José Napoleón Duarte, y que no hubo ninguna presión directa del gobierno norteamericano, y, de haberlas habido, "nosotros no estaríamos dispuestos a aceptarlas".

"Nosotros teníamos la intención, y eso conversábamos con el presidente Azcona, que la cancelación de la reunión cumbre no fuera definitiva, sino que, en todo caso, se atendiera las razones del presidente Duarte y fijar una nueva fecha para realizar la reunión", añadió.

La reunión de mandatarios centroamericanos, agregó Cerezo, "trataremos de que cumpla sus objetivos, porque la decisión y la voluntad de los presidentes es llegar a un acuerdo de paz en Esquipulas. Pero es importante señalar de que, si allí no terminamos de hacer algo, podríamos hacer otras reuniones entre presidentes, porque no tiene que ser la última reunión de presidentes, puede ser la primera de una serie".

Sostuvo que la negociación de la paz para la región centroamericana "es un proceso difícil y arduo, no es una cosa fácil de resolver. Nosotros vemos cómo el presidente Reagan y el primer ministro ruso se reúnen varias veces y discuten a fondo las cosas".

"La intención es, por lo menos, afirmar las bases de un acuerdo alrededor del Plan Arias, que siente las bases de un proceso más prolongado", subrayó, al mismo tiempo señaló que "nosotros hemos estado dispuestos siempre ir a cualquier lugar de Centro América, porque nos parece nuestra propia casa".

Finalmente, dijo que él tiene algunas observaciones que hacer sobre el Plan Arias, así como las tienen los demás presidentes del área, pero que la convocatoria de la reunión cumbre es para "conocer el cómo desarrollar el Plan Arias y sus diversas secuencias", (TDG).

El mandatario hondureño, José Azcona, y el canciller Carlos López Contreras, al momento de recibir a la delegación de Guatemala encabezada por el presidente Vinicio Cerezo en Toncontín.

TIEMPO/17 DE JUNIO DE 1987

28

LA CENA DE GALA PRESIDENCIAL DE LA CRUZ ROJA HONDUREÑA

La Cruz Roja Hondureña realizará la tradicional fiesta de gala presidencial, el 17 de julio próximo, la cual será presidida por el excelentísimo señor Presidente Constitucional, ingeniero José Azcona Hoyo y su señora doña Miriam.

El evento se llevará a cabo en el centro social Metro y al cual asistirán prominentes políticos, empresarios y público en general.

El club de Jardinería que siempre brinda la colaboración a la Cruz Roja Hondureña en la decoración, contribuyendo enormemente a darle más distinción al evento.

Esperamos que el público apoye con su asistencia a esta benemérita institución, ya que la fiesta presidencial, es una de las actividades de recaudación de fondos que realiza la Cruz Roja Hondureña para poder desarrollar los programas que tiene en marcha.

José Azcona y su esposa anfitriones de la cena benéfica.

LA PRENSA/17 DE JUNIO DE 1987

TEMÍSTOCLES TIENE EN JAQUE AL ESTADO DE HONDURAS

Temístocles Ramírez, caballero de industria norteamericano, tiene en jaque al Estado de Honduras. Su reclamación por haber sido, según él, expropiado de unos terrenos en el litoral atlántico hondureño es hoy día materia de alta política en las relaciones bilaterales entre nuestro país y los Estados Unidos.

Este aventurero ha logrado el respaldo del gobierno y algunos representantes del congreso norteamericano, y ahora Honduras está entre la espada y la pared. En buena medida, esto ha sucedido por la incompetencia, el entreguismo y la falta de carácter de funcionarios y testaferros hondureños.

Desde el gobierno anterior se puso la primera piedra para indemnizar a Temístocles, por presión de la administración Reagan. El entonces presidente, Roberto Suazo Córdova, firmó un compromiso para poder recibir –tal fue la zancadilla- los beneficios de la famosa como inútil Iniciativa de la Cuenca del Caribe.

Como siempre, nos ganaron con espejitos y abalorios de poca monta, mientras Temístocles, muerto de la risa, saboreaba los beneficios obtenidos con la empresa Ganadera Trujillo, S.A., sin pagar impuestos al fisco hondureño, asentada en su época en tierras nacionales donde ningún extranjero puede poseerlas ni explotarlas.

El compromiso del presidente Suazo Córdova –como todo lo relacionado con ese caso y la supuesta propiedad de Temístocles en el litoral atlántico es nulo, ilegal–, y carece, por lo tanto, de aplicabilidad. La Constitución de la República es bien clara; ningún extranjero puede, bajo pena de nulidad del respectivo acto o contrato, adquirir en dominio pleno o menos pleno terrenos del Estado o de propiedad privada situado en el litoral de ambos mares, en una extensión de 40 kilómetros hacia el interior del país.

De tal manera que cualquier actuación del Instituto Nacional Agrario o del Presidente de la República o del Congreso Nacional para reconocer esa propiedad de Temístocles o sus supuestos derechos derivados de la explotación de los terrenos no tiene ningún valor.

Sin embargo, ahora resulta el problema en el Congreso de los Estados Unidos, donde Temístocles tiene, al parecer, buenos padrinos. Pide este "caballero de industria" 20 millones de indemnización, y, según cuentan, o se los dan de la "ayuda" de nuestro mejor aliado a Honduras, o no hay tal ayuda. Temístocles, que a viveza no le gana nadie, decidirá la relación entre Honduras y los Estados Unidos.

Esto tiene, después de todo, su lado gracioso. Gracioso porque todo parte de la obsequiosidad con que los gobiernos de Honduras han tratado con los de los Estados Unidos. Los terrenos afectados por el gobierno en este asunto son los mismos que, por necesidad de servir los intereses norteamericanos contra los de Honduras, se usaron para establecer el también famoso Centro Regional de Entrenamiento Militar.

El CREM, bien lo recordamos, fue creado para entrenar 10,000 soldados salvadoreños y no para entrenar soldados hondureños. Los soldados salvadoreños así profesionalizados son parte del ejército que en 1969 atacó a traición a Honduras, y todavía persisten las causas de aquella agresión que son las pretensiones territoriales salvadoreñas sobre nuestro país. La operación CREM fue, en última instancia, una traición a Honduras.

Ahora Honduras tendría que pagar 20 millones de dólares por esa traición, a un aventurero que defraudó el fisco hondureño, por presiones del Estado beneficiado con el establecimiento del CREM.

El actual presidente, ingeniero José Simón Azcona del Hoyo, ha dicho al desfalleciente subsecretario de Estado para Asuntos Latinoamericanos, el señor Elliot Abrams, que el pueblo hondureño se niega a pagarle tanto dinero a Temístocles. La cuestión está ahora en el Congreso de los Estados Unidos, y al señor Abrams no le creen ni el bendito allí, por considerarlo algo así como falto de veracidad.

Entonces, el presidente de los hondureños –que días atrás había declarado una posibilidad de indemnizar a Temístocles– se ha buscado un mal abogado ante la Cámara de Representantes de los Estados Unidos, la cual, por otra parte, está negociando al parecer la destitución de este funcionario, "hombre fuerte" de América Central.

En todo caso, ¿por qué no plantearle al gobierno de los Estados unidos, en contraparte, un pago sustancial por el alquiler de la base de Palmerola, así como pagan en Filipinas, en España, en Turquía y en otras partes?

TIEMPO/17 DE JUNIO DE 1987

Con respaldo de Duarte
CUMBRE 6 Y 7 DE AGOSTO ANUNCIAN AZCONA Y CEREZO

Previamente los cancilleres se reunirán en Honduras, Nicaragua y El Salvador

TEGUCIGALPA. - Los presidentes de Honduras y Guatemala, José Azcona y Vinicio Cerezo, anunciaron ayer la posposición definitiva de la cumbre centroamericana para el 6 y 7 de agosto, previa celebración de tres encuentros de los cancilleres del área.

Los dos mandatarios informaron que "ya tenemos la confirmación del presidente de El Salvador, Napoleón Duarte y esperamos que también acepten los presidentes de Nicaragua y Costa Rica, Daniel Ortega y Oscar Arias", cuyo plan de paz será analizado en la cumbre.

Azcona y Cerezo dialogaron ayer durante dos horas en la Base Aérea Hernán Acosta Mejía, de esta capital, acompañados por sus cancilleres Carlos López y Mario Quiñónez, con el propósito de salvar la cita presidencial prevista inicialmente para el 25 y 26 de junio.

La reunión fue pospuesta a petición del presidente Duarte, quien arguyó "lo peligroso" de realizarla sin previas reuniones de trabajo de los cancilleres.

Un encuentro de tal naturaleza, convocado para el 22 y 23 de junio en Tela, Atlántico hondureño, fue cancelado tras el anuncio de Guatemala de sostener consultas bilaterales con Nicaragua en la misma fecha.

Azcona dijo en conferencia de prensa al término de la reunión que "hemos dialogado en relación a la necesidad de realizar la cumbre en Guatemala, también sostenemos la posición del presidente Duarte de que se posponga y hemos convenido que la fecha tentativa es el 6 y 7 de agosto".

Cerezo expresó enseguida que la intención era no cancelar definitivamente la reunión, "sino en todo caso atender las razones del presidente Duarte, pero fijar una nueva fecha tentativa".

Mientras, las tres reuniones de cancilleres se realizarán sucesivamente en Honduras, Nicaragua y El Salvador con el propósito de "estudiar el Plan Arias y llevar a Guatemala más elaborada la posición de los presidentes", señaló Azcona.

El presidente guatemalteco rechazó que haya boicoteado la reunión de Tela y afirmó que "hay muchos malos entendidos. Siempre estoy dispuesto a ir a cualquier lugar de Centroamérica, porque me siento como en nuestra casa".

Con visible optimismo Cerezo dijo que "trataremos que la cumbre Esquipulas II cumpla su objetivo. La decisión y la voluntad de los presidentes es llegar a un acuerdo, pero es importante señalar que, si allí no lo logramos, no será la última reunión porque el proceso de la paz es difícil y arduo".

La intención es "por lo menos afirmar las bases del acuerdo alrededor del Plan Arias y sentar las bases de un proceso más prolongado", apuntó.

Cerezo rechazó que el jefe de las Fuerzas Armadas de Panamá, general Manuel Antonio Noriega, le haya solicitado en reciente visita a Guatemala –cuando no se preveían los acontecimientos en ese país- algunas reformas al Plan Arias.

Lo que planteó Noriega, aseveró, "fue el interés del presidente Eric del Valle de participar en la reunión de mandatarios centroamericanos".

Dijo que "como todos los otros presidentes", él también tiene observaciones al Plan Arias y que precisamente la convocatoria a la reunión es "para conocer cómo desarrollar adecuadamente" la iniciativa de paz del presidente costarricense.

También sostuvo que no se trata de "puntos no coincidentes" con Estados Unidos sino de "los puntos coincidentes entre los presidentes de Centroamérica".

31

Por su parte, Azcona manifestó que el documento propuesto por el presidente Arias, "elaborado con la mejor buena fe", necesita "ser más desarrollado y tal vez cambiar algunas secuencias y el orden en que aparecen los eventos. Pero no hay ninguna objeción", acotó.

Acompañados por los cancilleres Carlos López Contreras y Mario Quiñónez, los presidentes José Azcona y Vinicio Cerezo dialogan sobre la celebración de la cumbre.

Por disposición superior, no se permitió el acceso de los periodistas a las instalaciones de la Base Aérea. Cuando se enteraron de la errónea medida, ya al final, los comunicadores sociales pudieron ingresar. (Foto de Aquiles Andino)

Momentos en que el presidente Vinicio Cerezo abordaba la aeronave que lo condujo a Guatemala

LA TRIBUNA/17 DE JUNIO DE 1987

Coinciden presidentes
NO HUBO PRESIONES PARA SUSPENDER CITA

Los presidentes de Honduras y Guatemala, José Azcona y Vinicio Cerezo, coincidieron en afirmar en que "no ha habido ninguna presión directa del gobierno norteamericano" para posponer la reunión cumbre de mandatarios prevista para el 25 y 26 de junio.

Cerezo subrayó que "en todo caso tenemos que indicar que no sólo no ha habido presiones, sino que no estaríamos dispuestos a aceptarla", desvirtuando informes de prensa en tal sentido.

Ambos mandatarios aclararon que la posposición de la cumbre es una actitud del presidente de El Salvador, José Napoleón Duarte, "que consideramos adecuada y, por lo tanto, aceptamos posponerla con fecha ya establecida".

En forma categórica el presidente Azcona dijo por separado que no es cierto que haya existido presión por parte del gobierno de los Estados Unidos. Es más, dijo, "a nosotros nos agarraron totalmente desprevenidos las declaraciones del presidente José Napoleón Duarte de solicitar la posposición de la reunión".

Insistió en que el gobierno de Honduras no ha recibido ninguna presión en ese sentido, y prueba de ello, prosiguió "es que nos reunimos el viernes por la mañana con el canciller costarricense Rodrigo Madrigal Nieto, a quien le ratificamos nuestra firme decisión de asistir a la reunión de Guatemala".

Empero, recordó que al enterarse de las declaraciones del presidente Duarte, al mediodía, se volvió a reunir por la tarde con el canciller costarricense, "para ver la forma en que podíamos nosotros bajarle la importancia a esas declaraciones del presidente de El Salvador, que a nosotros nos agarraron totalmente desprevenidos", puntualizó.

Azcona afirmó que el enviado especial norteamericano, Philip Habib, "vino en búsqueda de la paz".

Los presidentes José Azcona y Vinicio Cerezo ofrecen declaraciones durante una improvisada conferencia de prensa al término del encuentro.

LA TRIBUNA/17 DE JUNIO DE 1987

Editorial
ACUERDOS EN LA CUPULA LIBERAL

Los precandidatos a la presidencia de la República, se reunieron con el ingeniero José Simón Azcona Hoyo la noche del martes pasado, en la sede del Consejo Central Ejecutivo del Partido Liberal de Honduras.

Esta reunión era esperada desde hace muchísimo tiempo, dada la precaria y conflictiva situación interna del partido político en el poder. Los cabecillas que luchan desde el 27 de enero de 1986 para controlar la dirección del instituto político que los cobija y, de paso, la candidatura oficial del liberalismo a la presidencia de la República, han trastornado los procedimientos normales de la actividad partidaria y son, por así decirlo, los causantes de un ambiente de anarquía en el seno del viejo partido, en donde el principio de autoridad se ha perdido e incluso, la influencia económica que otrora manejaron los gobernantes, hoy está en manos de sectores a quienes muy poco les importa la suerte de este régimen.

Entendemos que a la cita que acudieron todas las corrientes internas del Partido Liberal, no tenía agenda previa y es de suponer que tampoco se levantó acta alguna sobre las resoluciones a que llegaron, después de cuatro horas de deliberaciones.

El motivo fundamental para esta reunión liberal, se centró en las elecciones internas para que de la voluntad soberana del liberalismo surja en nuevo Consejo Central Ejecutivo, organismo que asume en estos momentos, uno de los papeles más delicados y trascendentales en la vida política nacional. Al final de la discusión generada, se llegó al consenso de que las elecciones internas se llevarán a cabo el 6 de septiembre, si se cumplen otros actos que tienen una incidencia decisiva para la vida democrática de la nación y, particularmente, en la vida de los partidos políticos legalmente reconocidos.

Hay un consenso nacional, para que todos los candidatos presidenciales unifiquen criterios en pro del fortalecimiento de su partido, para apoyar sin reservas al gobierno de la República y cesar en la lucha pública o callejera, creando enemistades, ahondando las pasiones desbocadas de algunos, dividiendo y debilitando a su partido.

Este periódico de los hondureños ha sido reiterativo en la necesidad de que el liberalismo encuentre dentro de sus fronteras los mecanismos adecuados para llevar a cabo una reunificación que termine con esa torre de Babel que han montado los siete autoproclamados candidatos a la presidencia de la República. Por lo menos nosotros en EL HERALDO, tenemos la convicción de que nuestras páginas no se han prestado para infamar a ningún dirigente ni aspirante a la conducción del Partido Liberal en abono a los intereses de otro o de otros.

El problema grave que presenta el liberalismo hondureño, es que quienes conforman la alta dirigencia, carecen de fuerza, no tienen liderazgo ni autoridad y, lo que es peor, se encuentran fuera del periodo legal para continuar en sus cargos dentro del Consejo Central Ejecutivo.

Esa falta de capacidad política la encontramos reflejada de cuerpo entero en la campaña prematura e incendiaria que emprendieron la mayoría de los precandidatos presidenciales, así como en su imposibilidad de hacer que los liberales coticen con el partido. Ni siquiera han logrado que algunos ministros del gabinete del ingeniero Azcona Hoyo, coticen con la tesorería de su partido, lo que es una falta grave hacia la institución política que los tiene en los altos cargos.

Hay coincidencia entre muchos de los dirigentes del Partido Liberal, sobre la importancia de capitalizar el partido, hoy en bancarrota, lo que tiene que marchar aparejado con la unidad de sus dirigentes que son los que dividen a las masas.

Los precandidatos presidenciales del liberalismo, autoproclamados, han logrado que los empresarios, los profesionales, los empleados públicos y el pueblo en general, dejen de contribuir económicamente con su partido, porque cada precandidato se ha convertido en azadón para acumular contribuciones económicas, en detrimento de su propio partido.

El hecho de que los siete precandidatos presidenciales del liberalismo hayan acordado en la reunión con el mandatario, constituirse en Consejo Consultivo para que en su seno se debatan todos aquellos asuntos que importen al partido, es un punto importante y que podría generar decisiones trascendentales, como por ejemplo, que las rivalidades internas no muevan a los grupos al choque violento que daña enormemente a su propia agrupación política, sino que a nivel del Consejo Consultivo se debatan estos problemas, antes que usar los canales de la comunicación social para envolver a medio mundo en los pleitos inacabables de quienes quieren llegar a la primera magistratura de la nación.

Los liberales tienen que tener presente que, en el Partido Nacional, está ocurriendo todo lo contrario de lo que sucede con ellos. Mientras Callejas se mantiene firme como el lógico candidato presidencial, es el hombre que dirige a su partido, en su condición de Presidente del Comité Central del Partido Nacional. Eso le da un enorme poder y una enorme y tranquila capacidad de maniobra.

Esta circunstancia indica que las elecciones internas del Partido Liberal tienen que practicarse en el menor tiempo posible, porque la lucha entre siete precandidatos rojos sólo presagia desastre y revanchismo debilitantes.

Siete precandidatos presidenciales pueden convertir en ruinas al Partido Liberal y un dirigente joven que probó en 1985 con su triunfo individual sobre todos los candidatos presidenciales del Partido Liberal, la necesidad de renovación de valores en el seno de las viejas instituciones políticas de este país y, algo verdaderamente importante que todos tenemos que fijar en nuestras mentes, ocurrido en aquella justa comicial, como lo fue la participación de la juventud hondureña, masivamente atraída por Callejas, hecho que se consideró imposible que fuera capaz de ocurrir en Honduras, por cuanto el nacionalismo se volvió en ese momento en un agente de cambio y de transformaciones. Se volvió gente de diálogo y debate que unió a su imagen nueva, los enfoques realistas de nuestra Honduras.

Ojalá que los dirigentes actuales del Partido Liberal tomen en serio lo que está ocurriendo en la política de nuestra Patria, con el fin de que no cometan los errores que por siempre diezmaron la potencialidad de ese partido, hasta conducirlo al despeñadero, todo por la soberbia y lo impolítico de sus conductores.

Además, la unidad del Partido Liberal es la única fórmula viable para que el Ing. Azcona Hoyo pueda transitar los penosos caminos de una administración que viene necesitando sangre nueva para que promuevan una revolución en paz, en un período extremadamente corto.

Llegar a la presidencia, de un país como el nuestro, pudiera ser relativamente fácil, sostenerse en el cargo y lograr la admiración y el respeto de sus conciudadanos, es lo difícil.

EL HERALDO/18 DE JUNIO DE 1987

Azcona se reúne con pre- candidatos
Elecciones internas del PL no más allá del 6 de septiembre

El presidente José Azcona y todos los precandidatos del Partido Liberal o sus representantes se reunieron anoche en la sede del Consejo Central Ejecutivo (CCEPL) para analizar asuntos de primer orden de ese instituto político.

A la cita asistieron Enrique Ortez Colindres, Ramón Villeda Bermúdez, Carlos Roberto Flores, William Hall Rivera, Jorge Arturo Reina, Jorge Maradiaga y Carlos Montoya y por el CCEPL, Romualdo Bueso Peñalba, Rodrigo Castillo y Pompilio Romero Martínez.

El tema principal del encuentro fue la práctica de elecciones internas y ya en la reunión anterior se escogió el 6 de septiembre como la fecha tentativa para realizarlas.

Trascurridas más de tres horas de negociaciones, Carlos Flores informó que "hemos tenido una discusión prolongada y el criterio de la mayoría es que las elecciones internas se realicen a más tardar el próximo 6 de septiembre".

Postergar esos comicios, como proponen algunos precandidatos, dijo, no es conveniente para el Partido Liberal que necesita elegir cuanto antes sus autoridades y reactivar la institución política en su trabajo organizativo.

Igual posición sustentaron en la reunión Carlos Montoya y Jorge Maradiaga, quienes se pronunciaron porque las elecciones internas se realicen "lo más pronto posible".

Montoya expresó que Reina, Hall Rivera, Villeda Bermúdez y Ortez Colindres proponían como fecha el 4 de octubre, que los demás consideran muy tardío.

Previamente, el presidente Azcona dijo que el primer domingo de septiembre "es una buena fecha y las elecciones no se deben prolongar más allá. Creo que los precandidatos deben estar listos con su gente para acudir a esas elecciones", apuntó.

Para el mandatario la unidad del Partido Liberal deberá surgir a través de comicios internos, libres y honestos y que "los perdedores reconozcan al ganador y apoyarlo cuando salga de candidato".

Azcona sostuvo que él se considera "un liberal más, que fue ungido como presidente del país por los votos de todos los liberales a través de la sumatoria".

En tal sentido, "creo que debo poner mi grano de arena para lograr la unidad del partido, sin que ello quiera decir que soy el líder único del Partido Liberal", dijo Azcona.

Reiteró que a estas alturas ya no es posible celebrar elecciones municipales el último domingo de noviembre y que las mismas tuvieron que ser declaradas desiertas (en el Congreso) porque ninguno de los partidos cumplió los requisitos.

Igualmente recalcó que es posible realizar las elecciones internas en septiembre para que de allí salgan las autoridades del partido y que la convención liberal se reúna en octubre y elija el nuevo CCEPL.

Por su parte, Flores dijo que tales comicios deberán practicarse a finales de julio próximo para terminar con el estado de incertidumbre en que se encuentra sumido el Partido Liberal y devolverle la confianza y el respaldo absoluto al gobierno del presidente Azcona.

También señaló que los comicios internos deberían someterse a un estricto control para evitar el trasiego de votos de una candidatura a otra, e incluso del Partido Nacional, para inclinar la balanza a favor de determinado candidato.

Entre tanto, Montoya manifestó que las elecciones internas deberían practicarse "lo más pronto posible" para evitar el exceso de politización y una vez electas las nuevas autoridades darle el respaldo partidario que necesita el presidente Azcona.

Mientras, RAVIBER dijo que estaría de acuerdo en que los comicios se realicen en la fecha tentativa que se ha mencionado, pero a la vez señaló que se debe recordar que hay que allanar algunos aspectos de tipo legal para evitar problemas en el futuro.

Esos puntos serían adecuar plazos y el voto domiciliario.

En su orden, Jorge Maradiaga, Carlos Roberto Flores, Rodrigo Castillo, Pompilio Romero Martínez, Romualdo Bueso Peñalba, Enrique Ortez Colindres, el presidente José Azcona, Jorge Arturo Reina, Rubén Villeda Bermúdez (fuera de foco), Carlos Montoya y William Hall Rivera. (*Foto de Aquiles Andino*).

Toma general de la reunión entre el presidente José Azcona, los pre-candidatos liberales y los miembros del Consejo Central Ejecutivo. (*Foto de Aquiles Andino*).

LA TRIBUNA/17 DE JUNIO DE 1987

DECISIÓN DE MUNICIPALES COMPETE AL TNE: MONTOYA

Definitivamente el Tribunal Nacional de Elecciones (TNE) deberá decidir si se realizan o no las elecciones municipales, sostuvo ayer el presidente del Congreso Nacional, Carlos Montoya, quien anunció a la vez que de inmediato se pondrán a trabajar en algunas reformas a la Ley Electoral y a la Ley de Municipalidades y del Régimen Político.

Recordó que el TNE tiene iniciativa de ley en competencia electoral, pero que el problema no debe retornar al Congreso, sino que debe resolverse en su aspecto práctico.

Montoya dijo que las reformas electorales serán para determinar si se puede ir a elecciones municipales en el primer trimestre de 1988, ratificando su oposición a que tales comicios se realicen en noviembre próximo, de acuerdo a la convocatoria del TNE.

Con relación a lo expresado por el asesor legal del TNE, Manuel Enrique Alvarado, de que ese organismo no puede declarar desiertas las elecciones, comentó debe saber que el tribunal tiene facultades y si no están plasmadas en forma real las tiene dentro del contexto general de la ley, como autoridad autónoma en asuntos electorales.

Montoya cuestionó las declaraciones de Enrique Ortez Colindres de que las elecciones internas podrían realizarse en diciembre próximo y elegir al mismo tiempo los candidatos a las municipalidades.

Al respecto señaló que cualquiera puede hacer un planteamiento, pero lo problemático son las autoridades del partido que están de facto, que causan muchos problemas como ser la escasez en la captación de recursos y el correcto desarrollo del partido.

Otro problema "es la politización de la administración Azcona porque en la medida que no se resuelva la problemática interna, todos los implicados en uno u otro sentido se ven de una u otra manera participando y en definitivo dañan la administración del ejecutivo", manifestó.

Por otra parte, dijo que el coordinador de la bancada nacionalista, Mario Rivera López, le afirmó el apoyo de la política exterior del presidente José Azcona por parte del Partido Nacional, para que se busque la paz, la democracia y la libertad en la región.

LA TRIBUNA/17 DE JUNIO DE 1987

OFICIALIZADA VENTA DE LOS F-5E

TEGUCIGALPA. - Los gobiernos de Honduras y Estados Unidos suscribieron ayer en Washington la carta de oferta que oficializa la futura entrega de aviones de combate F-5E, a este país, informó a LA TRIBUNA el director de Información de la Embajada norteamericana, Michael O'Brian.

El portavoz dijo que la firma del documento oficializa la entrega de los aparatos, en vista de que el Congreso norteamericano no se opuso a la transacción.

Honduras adquirirá 10 aviones de combate F-5E y dos de entrenamiento F-5F, para sustituir 12 Super-Myster a los que resta poca vida útil, lo que permitirá mantener la superioridad aérea en Centroamérica.

Los primeros aparatos llegarán antes de fin de año y su costo total será de 75 millones de dólares (150 millones de lempiras) que Honduras pagará a Estados Unidos con cierta parte de los fondos que en ayuda militar le proporcione en los próximos cinco años.

El documento fue suscrito ayer a las 9:00 de la mañana por el embajador hondureño Roberto Martínez Ordóñez y funcionarios norteamericanos, en las oficinas del Pentágono (Ministerio de Defensa), en Washington.

La dotación de los poderosos cazabombarderos a Honduras provocó agrias polémicas en el Congreso norteamericano. (W.C.).

LA TRIBUNA/17 DE JUNIO DE 1987

Opinión Editorial
BAJAN LAS AGUAS

POR un momento se temió que las campañas proselitistas de las corrientes internas del Partido Liberal, que bajo ciertas circunstancias alcanzaron clímax de apasionamiento, pudieran aumentar en vez de disminuir su virulencia, y convertirse en factor desestabilizante del gobierno y del Estado.

Afortunadamente, bajo cierta presión pública y ante la común necesidad de los liberales de no exponer demasiado la imagen de su propio gobierno (hasta donde este gobierno les es suyo), las aguas han venido bajando a niveles tolerables. El debate mejoró en calidad y las referencias personales de uno hacia otro aspirante, que en cierto momento fueron tan enconadas, han dado paso a un trabajo más sereno, más discreto y de una mayor ecuanimidad.

Las dos reuniones últimas celebradas por los precandidatos con el presidente de la República y con las autoridades del partido, han contribuido grandemente a este notable cambio de actitudes y conductas y han servido para insuflar en los partidarios del liberalismo una esperanza más firme en cuanto a la unidad total de la entidad.

Al rectificarse las posiciones radicales que se han venido sustentando de parte de un sector del oficialismo, respecto a las elecciones municipales, por una más flexible encaminada a que se cumpla con el ordenamiento constitucional y se den todos los pasos que sean necesarios para que tales elecciones tengan lugar, tarde o como sea, pero que se celebren, también aporta elementos de avenencia entre las diferentes corrientes liberales. Sobre este punto de las elecciones municipales, valga decirlo, todos los precandidatos del liberalismo, menos uno, se pronunciaron en pro del evento, unos con más énfasis y determinación que otros, como es el caso del florismo, que desde principios sostuvo y sostiene la tesis de las elecciones municipales, cueste lo que cueste.

Finalmente, al fijarse ahora un plazo cierto para la práctica de las elecciones internas del Partido Liberal, se deja a los electores del partido y no a factores externos, ni a personajes circunstanciales, la tarea de la unificación de este instituto político. Como se sugería antes, es decir, que el presidente Azcona (con su poder de convocatoria, decían) se colocase por encima de los aspirantes y sacase de una manga la fórmula mágica de la unidad, era sólo la expresión de un deseo y una necesidad, pero de imprácticos resultados. Azcona no podía imponer su criterio, por muy salomónico que pareciese, distinto al que resultará de la consulta directa a las bases del partido. Es a los votantes liberales y a nadie más a quienes corresponderá escoger a sus dirigentes y marcar el derrotero definitivo hacia la candidatura presidencial que les representará en las justas generales del 89.

Saber ahora que esa definición tendrá lugar el primer domingo de septiembre, (salvo obstáculos justificadamente insalvables), es volver los ojos a la realidad y retomar para el votante el valor inestimable de su veredicto. Queda a los aspirantes únicamente el trabajo arduo de la persuasión, el proselitismo y la propaganda interpartidaria, a fin de recibir de las bases el veredicto de su voluntad. A quien resulte vencedor en estas justas internas le tocará la misión de restañar inmediatamente las heridas que quedan de toda pasión entregada, y hacer que los perdedores se sientan vencidos en buena lid y listos para afrontar, unidos, en gran reto electoral para la sucesión de Azcona.

Y así ocurrirá. La débil esperanza del Partido Nacional, de triunfar cómodamente sobre un liberalismo desorganizado y dividido, se esfumará. Los liberales son así.

LA TRIBUNA/18 DE JUNIO DE 1987

PORQUE ES "NEUTRAL": HONDURAS DEPORTA LOS "NICAS" DERRIBADOS POR SANDINISTAS

TEGUCIGALPA. - El gobierno hondureño anunció ayer la deportación de los tres nicaragüenses que el lunes anterior sobrevivieron al derribamiento por parte del Ejército Sandinista de una avioneta de la Fuerza Democrática Nicaragüense (FDN), en el departamento de El Paraíso, sin señalar hacia qué país fueron enviados.

No obstante, una fuente segura indicó a LA TRIBUNA que los tres sobrevivientes, que resultaron heridos tras el incidente, eran atendidos en un hospital de la resistencia nicaragüense, ubicado en territorio hondureño.

La Secretaría de Prensa de la Presidencia informó ayer que a las 14H30 del lunes "ingresó ilegalmente al espacio aéreo de Honduras, con procedencia de Nicaragua, una aeronave no identificada, la cual, aparentemente debido a desperfectos, se precipitó a tierra en un lugar aledaño a Capire, El Paraíso, incendiándose como consecuencia del impacto".

Identificó a los tres ocupantes de la nave, que sobrevivieron al incidente, como Juan Flores –a quien los sandinistas identificaron como Juan Gómez, jefe de la rebelde Fuerza Democrática Nicaragüense (FDN)-, Guillermo Gómez y Álvaro Carazo, todos de nacionalidad nicaragüense.

El comunicado oficial reveló que las investigaciones realizadas por las autoridades de seguridad determinaron que "los sobrevivientes están asociados a actividades de oposición armada a los gobiernos vecinos y por consiguiente su presencia en Honduras viola la política de neutralidad y no intervención del gobierno de Honduras en los conflictos internos de otros estados".

Agregó que, por ese motivo, "las autoridades hondureñas procedieron a su deportación de territorio nacional".

Una fuente oficiosa informó ayer que los tres nicaragüenses habían viajado a Miami y que, aunque están heridos, se encontraban en condiciones aptas para el traslado hacia aquella ciudad, donde serían hospitalizados.

LA TRIBUNA/18 DE JUNIO DE 1987

YA MUERTA DAN PERMISO A MAESTRA, POR ENFERMEDAD

**Azcona reconoce que Educación violenta las leyes*

Los dirigentes del Movimiento Nacional del Magisterio (MONAMA) afirmaron ayer que el presidente José Azcona reconoció que las autoridades del Ministerio de Educación han violado las leyes educativas, pero que prometió corregir esas irregularidades.

Durante dos horas y media los dirigentes magisteriales dialogaron con el mandatario para exponerle las violaciones a las leyes educativas, el aumento salarial que contemplará el Estatuto del Docente, la puesta en marcha del programa de profesionalización de los maestros empíricos y otros.

La presidente del Primer Colegio Hondureño de Maestros (PRICMAH), Lila Luz de Maradiaga, dijo que el mandatario está en la disposición de estudiar los aumentos salariales que se incluirán en el Estatuto del Docente.

Por su parte, el presidente del Colegio Profesional Superación Magisterial Hondureño (COLPROSUMAH), Nery Rodrigo Paredes, informó que el gobernante fue receptivo a las peticiones planteadas por el movimiento magisterial.

"El presidente Azcona reconoce que algunos funcionarios del Ministerio de Educación violan las leyes educativas y nos prometió que hablará con la titular del ramo para que esa situación no continúe", señaló Paredes.

Comentó que el mandatario se sintió conmovido cuando se le planteó el caso de una maestra que solicitó licencia en febrero anterior por asuntos de enfermedad, y se le otorgó hasta en mayo cuando ella ya había fallecido.

"El gobernante está consciente que hay fallas en el Ministerio de Educación, pero posiblemente sea en los mandos intermedios donde la titular, Elisa Valle de Martínez, ha perdido autoridad, pero nos prometió que se enmendarán esas irregularidades", subrayó.

Entre tanto, la presidente del Sindicato de Profesionales Docentes de Honduras (SINPRODOCH), Magdalena de Burgos, indicó que particularmente le solicitaron al presidente Azcona apoyo para el programa de profesionalización de los maestros empíricos.

"El mandatario nos prometió la erogación de 300 mil lempiras anuales para ejecutar el programa de profesionalización, el cual se iniciará en noviembre del presente año para beneficio de unos 2,000 maestros que laboran en el sector rural del país", explicó.

El presidente José Azcona durante su reunión con los dirigentes del Movimiento Nacional del Magisterio (MONAMA) ante quienes reconoció que sus subalternos del Ministerio de Educación están violando las leyes educativas. (*Foto Aquiles Andino*).

LA TRIBUNA/18 DE JUNIO DE 1987

PREDICAR LA UNIDAD PIDEN LOS ASPIRANTES

COMUNICADO

Los suscritos, miembros del Consejo Central Ejecutivo del Partido Liberal de Honduras y los coordinadores de las corrientes que se disputan el Consejo Central Ejecutivo de nuestro instituto político, al pueblo hondureño en general y al liberalismo en particular, comunicamos:

Que hemos llegado al común acuerdo que las elecciones internas para las elecciones de autoridades locales, delegados a las asambleas departamentales y delegados a la Convención Nacional del Partido Liberal, deberán practicarse con las más absolutas garantías el día domingo 6 de septiembre, salvo el caso que exista algún impedimento legal o técnico que será la Comisión Nacional Electoral del Partido Liberal la que fijará la fecha.

Incitamos a todos nuestros seguidores para que intensifiquen sus actividades políticas y luchen en las campañas proselitistas predicando la unidad del partido y la supremacía de nuestros principios ideológicos.

Tegucigalpa, D.C., 16 de junio de 1987.

(Firman): Carlos Orbin Montoya, Ramón Villeda Bermúdez, Jorge Maradiaga, Carlos R. Flores, Jorge Arturo Reina, Rodrigo Castillo Aguilar, William Hall Rivera, Enrique Ortez Colindres, Romualdo Bueso Peñalba, Antonio Blanco Moreno y Pompilio Romero Martínez.

LA TRIBUNA/18 DE JUNIO DE 1987

UNÁNIME APOYO AL PRESIDENTE
CORRIENTES PL UNIFICAN CRITERIOS PARA LOGRAR LA CUARTA VICTORIA

ACUERDO

Nosotros, los coordinadores de las corrientes políticas del Partido Liberal, con absoluta responsabilidad y conscientes del momento histórico que vive nuestro instituto político, hemos decidido unificar criterios para lograr el cuarto triunfo consecutivo del Partido Liberal y tomando en cuenta la labor realizada por el presidente constitucional de la República, ingeniero José Simón Azcona, para fortalecer la compactación de nuestras filas, hemos acordado unánimemente darle un voto de reconocimiento por su meritoria acción conciliadora y por sus ingentes esfuerzos para robustecer la democracia.

Tegucigalpa, D.C., 16 de junio de 1987.

(Firman): Carlos Orbin Montoya, Ramón Villeda Bermúdez, Jorge Roberto Maradiaga, William Hall, Jorge Arturo Reina, Enrique Ortez Colindres, Carlos R. Flores.

LA TRIBUNA/18 DE JUNIO DE 1987

CENA DE GALA PRESIDENCIAL DE LA CRUZ ROJA HONDUREÑA

El 17 de julio próximo, la Cruz Roja Hondureña llevará a cabo la Cena de Gala Presidencial, en la cual estará presente el presidente Constitucional de la República ingeniero José Azcona y su esposa la primera dama de la nación doña Miriam Bocock de Azcona.

El evento en mención se llevará a cabo en el Centro Social "Metro" con la asistencia de funcionarios de gobierno, empresarios y la sociedad capitalina que apoya esta actividad de recaudación de fondos de la benemérita institución.

La decoración del salón social estará a cargo del Club de Jardinería que aportará su apoyo de esta forma contribuyendo enormemente a darle más distinción al evento.

LA TRIBUNA/18 DE JUNIO DE 1987

AL MONARCA:
AZCONA PROMETE CORREGIR VIOLACIONES EN EDUCACIÓN

TEGUCIGALPA. - El presidente José Azcona Hoyo prometió ayer a los dirigentes del Movimiento Nacional del Magisterio (MONAMA) corregir las irregularidades que las autoridades del Ministerio de Educación Pública están cometiendo contra las leyes educativas, y darle curso al Estatuto del Docente.

Los dirigentes del MONAMA le mostraron al presidente Azcona pruebas de las violaciones a las leyes educativas que están cometiendo las autoridades de educación, prometiendo el mandatario que hablará con la titular de esa secretaría, Elisa Valle de Martínez, para que le ponga coto a las irregularidades, según el presidente del Colegio Profesional Superación Magisterial (COLPROSUMAH) Nery Rodrigo Paredes.

Al presidente Azcona le plantearon también el problema creado entre los maestros y el Sindicato del INPREMA, que exige aumentos salariales para los trabajadores en el nuevo contrato colectivo.

43

La presidenta del primer Colegio Hondureño de Maestros (PRICHMA), Lila Luz de Maradiaga, expresó que Azcona sugirió que el sindicato y las autoridades del INPREMA terminen las negociaciones del Contrato Colectivo, y él estará anuente a hablar con el ministro de Trabajo, Adalberto Discua Rodríguez, para que "tome cartas en el asunto".

En cuanto al estatuto del docente, Lila Luz manifestó que el mandatario "está muy entusiasmado en darle curso y tratar lo relacionado con el aumento salarial para los maestros".

Finalmente, la presidenta del Sindicato de Profesionales Docentes de Honduras (SIMPRODOCH), Magdalena de Burgos, indicó que el presidente Azcona se comprometió también a destinar 300 mil lempiras anuales para el programa de profesionalización de maestros que iniciará en noviembre de este año. (TDG).

TIEMPO/18 DE JUNIO DE 1987

RATIFICAN PRECANDIDATOS LIBERALES: INTERNAS EL 6 DE SEPTIEMBRE

***Voto de reconocimiento para Azcona

TEGUCIGALPA. - Los aspirantes presidenciales, el Consejo Central Ejecutivo y el presidente José Azcona Hoyo acordaron la noche del martes celebrar las elecciones internas el 6 de septiembre próximo.

Esta decisión fue refrendada en un comunicado firmado por las autoridades liberales y los 7 aspirantes presidenciales, al culminar una cita en la que además se dio "un voto de reconocimiento por su meritoria acción conciliadora" a Azcona Hoyo.

Los aspirantes presidenciales acordaron que la fecha fijada podrá ser cambiada por razones de fuerza mayor por la Comisión Nacional Electoral, pero como fecha tope hasta el 4 de octubre.

En esta cita participaron Carlos Flores Facussé, Carlos Montoya, Jorge Roberto Maradiaga, William Hall Rivera, Ramón Villeda Bermúdez y Jorge Arturo Reina.

El acuerdo para celebrar los comicios el 6 de septiembre se logró tras un fuerte debate entre los grupos, que propusieron diferentes fechas.

Según se informó, Flores Facussé, Maradiaga y Montoya abogaron por la celebración de los comicios el 6 de septiembre próximo y Hall Rivera, Villeda Bermúdez y Ortez Colindres en octubre u otra fecha en los últimos tres meses del año. Mientras Reina tenía una posición independiente.

Aparentemente el impasse fue superado al optar Reina por estar a favor de los comicios el 6 de septiembre.

Flores Facussé dijo que las elecciones internas son de "conveniencia para el Partido Liberal porque no se puede mantener este partido sin autoridades".

Entre los políticos asistentes a la cita, la segunda en menos de 8 días entre Azcona y los políticos que aspiran a la nominación presidencial liberal, fue estimada como un paso firme para la unificación del partido de gobierno.

Los aspirantes liberales firmaron un comunicado en el que señalan que buscando "unificar criterios para lograr el cuarto triunfo consecutivo del Partido Liberal y teniendo en cuenta la destacada labor realizada por el presidente constitucional de la República, el ingeniero José Simón Azcona para fortalecer la compactación de nuestras filas, hemos acordado unánimemente darle un voto de reconocimiento por su meritoria acción conciliadora y por sus ingentes esfuerzos para robustecer la democracia".

Oficialmente se dijo que la determinación de celebrar elecciones el 6 de septiembre próximo deberá ser ratificada por la Comisión Nacional Electoral del Partido Liberal, que conforman también representantes de los aspirantes presidenciales. (GP).

TIEMPO/18 DE JUNIO DE 1987

FIRMARÁN ACTA:

NADA DE LLORIQUEOS DESPUÉS DE LOS COMICIOS, ACUERDAN

****García retirado de Comisión Electoral*

TEGUCIGALPA. - Los aspirantes a controlar las autoridades del partido de gobierno firmarán un acta en la que se comprometen a respetar los resultados de las próximas elecciones internas, dijo ayer un miembro de la Comisión Nacional Electoral.

Lo anterior fue revelado por el representante del Tribunal Nacional de Elecciones ante la Comisión Nacional Electoral, Andrés Alvarado Puerto, al llegar al organismo electoral a entregar oficialmente el reglamento interno.

Este reglamento regirá las actuaciones de la Comisión Electoral que se encargará de conducir el proceso eleccionario interno liberal.

Esta comisión nacional está integrada por un representante de cada corriente interna, uno del Consejo Central Ejecutivo y Alvarado Puerto del TNE.

El funcionario dijo además que la Comisión Nacional Electoral está en disposición de adecuar sus actividades a los acuerdos logrados en la reunión del presidente José Azcona y los aspirantes presidenciales, en cuanto a la fecha de los comicios internos.

Por otro lado, se supo que el villedismo retiró a Arnaldo García como su delegado ante la Comisión Nacional y asumió la representación Ramón Villeda Bermúdez.

Arnaldo García, quien ocupaba el cargo de secretario era cuestionado por haber militado en el Partido Innovación y Unidad (PINU), aunque anteriormente sirvió en la Guardia Nacional en Casa Presidencial en tiempos de Ramón Villeda Morales.

Miembros de la comisión dijeron que con el retiro de García se supera un obstáculo que había estancado los trabajos de la Comisión Electoral de aprobación del reglamento de elecciones internas. (GP).

RAMON VILLEDA BERMUDEZ

TIEMPO/18 DE JUNIO DE 1987

CANIBALISMO POLÍTICO INGRESA A EDUCRÉDITO

TEGUCIGALPA. -El aspirante presidencial Ramón Villeda Bermúdez, denunció la destitución del gerente de Educrédito de San Pedro Sula Miguel Rivera, como producto del revanchismo político.

En medios políticos se aseguró que Rivera militó antes en el grupo de Carlos Montoya, pero últimamente se unió al Villedismo.

La gerencia general de Educrédito es manejada por el parcial de Montoya y diputado Javier Valladares.

La queja fue presentada al presidente José Azcona Hoyo por Villeda Bermúdez la noche del martes en la cita celebrada con los aspirantes presidenciales.

De acuerdo a lo expresado por Villeda Bermúdez la destitución de Rivera habría sido inspirada por el montoyismo, en represalia por su deserción y afiliación a su corriente.

Villeda Bermúdez denunció además que otros parciales suyos en el Instituto Hondureño del Café (IHCAFE) han sido objeto de reparos por manejo de algunos artículos. (GP).

TIEMPO/18 DE JUNIO DE 1987

TNE ANALIZA COMUNICADO DE CONGRESO

TEGUCIGALPA. - El Tribunal Nacional de Elecciones (TNE) recibió ayer el comunicado del Congreso donde se le ordena decidir sobre la celebración o no de las elecciones municipales y será discutido posiblemente hoy, según se supo.

El documento fue recibido en el organismo electoral en ambiente de frialdad y reserva por parte de los miembros del TNE, que anteriormente han expuesto sus posiciones en torno al tema.

UNA SORPRESA

La comunicación parlamentaria, sorprendió a observadores locales, pues ésta por razones no precisadas no contiene la parte donde señala que el Congreso ordena al TNE declarar desierto el proceso de elecciones.

En el documento enviado por Oscar Melara Murillo al TNE, en su parte resolutiva que "el parecer del Congreso Nacional es que dicho tribunal visto el vacío producido por la no celebración de elecciones internas por los partidos políticos proceda de conformidad a derecho".

Sin embargo, el documento aprobado por la cámara agrega que el TNE debe proceder a declarar desierto el proceso de elecciones municipales.

Los miembros del TNE se mostraron parcos ante consultas de los periodistas sobre el tema.

Sin embargo, ahora en la nota enviada, aparentemente ya no lo ordena.

La presidenta del TNE abogada Yolanda de Vargas dijo a TIEMPO que ayer el documento estaba siendo analizado separadamente por cada uno de los miembros del organismo.

Indicó que el mismo sería analizado conjuntamente hasta hoy.

Dijo que el TNE enviará al Congreso una respuesta oficial, pero que cualquier decisión en ese sentido será tomada por los 5 miembros en pleno. (GP).

TIEMPO/18 DE JUNIO DE 1987

ADEMÁS DE ESTAR EN CONTACTO CON AZCONA:
COMISIÓN JURÍDICO POLÍTICO DECIDIRÁ SOBRE MUNICIPALES

TEGUCIGALPA. - Una comisión jurídico político que se mantendrá en contacto permanente con el presidente José Azcona Hoyo para discutir los problemas internos del partido de gobierno, analizará también lo relativo a la celebración o no de los comicios municipales.

Esta comisión integrada por un representante de cada corriente interna liberal estudiará la Ley Electoral y de las Organizaciones Políticas para definir posiciones en cuanto a los controversiales comicios municipales.

Según se dijo, analizará la posibilidad de efectuar reformas a la Ley Electoral y de las Organizaciones Políticas para celebrar los comicios en caso de que se considere procedente.

Carlos Montoya dijo que en los próximos días continuarían en negociación lo relativo a las elecciones municipales.

La comisión jurídico político asesorará también al actual Consejo Central Ejecutivo del Partido Liberal, al menos mientras se eligen autoridades en la convención nacional que se efectuaría en octubre o noviembre próximo. (GP).

TIEMPO/18 DE JUNIO DE 1987

EL PLAN ARIAS TORPEDEADO Y NADANDO A LA DERIVA

El tan llevado y traído Plan Arias para la distensión de América Central ha empezado a nadar a la deriva, con el torpedo bajo la línea de flotación disparado por el presidente salvadoreño, ingeniero Napoleón Duarte, bajo la dirección del embajador itinerante de los Estados Unidos, señor Felipe Habib.

El resultado de la entrevista de los presidentes - ambos ingenieros- Vinicio Cerezo (Guatemala) y José Simón Azcona del Hoyo (Honduras) en Tegucigalpa, indica la resignación del mandatario guatemalteco a la triste realidad de la cúpula presidencial centroamericana: le es imposible determinar el destino de América Central, mientras los términos de dependencia económica, pero sobre todo psicológica, se mantengan o aumenten en beneficio del control norteamericano sobre la región.

En esta ocasión ha quedado también visible un nuevo alineamiento en el llamado "Grupo de Tegucigalpa". Costa Rica, aún con la clarísima contradicción en el manejo de la política exterior entre el presidente Arias y el canciller Madrigal Nieto, se mira más alejada de El Salvador y de Honduras en su papel de peones de ajedrez centroamericano.

Guatemala, a su vez, reafirma su posición de mayor independencia y activa diplomacia para la pacificación del área. Costa Rica marca la distancia-y cambia las bazas-por ser, después de todo, el adalid del plan centroamericano de paz, apoyado fuertemente por el Congreso de los Estados Unidos, confrontado con la administración Reagan por su política hacia América Central.

La aceptación del presidente Cerezo de la fecha dictada por el presidente Duarte (los primeros días de agosto) para la realización de la "cumbre" presidencial istmeña en Guatemala y, en el interregno, la celebración de tres conferencias de los cancilleres centroamericanos para remodelar el Plan Arias y, seguramente, sintonizarlo con los supuestos intereses estratégicos de los Estados Unidos en la región, sugiere el mismo método aplicado para boicotear el proceso de Contadora.

En ese trayecto de las conferencias de cancilleres a la junta presidencial correrá bastante agua bajo el puente. Con la paciencia posible por la ampliación de los plazos, el Plan Arias posiblemente se irá esterilizando hasta quedar en agua de borrajas. De ahí adelante, el problema centroamericano de la paz, o mejor dicho de la guerra, quedará prácticamente sin alternativa. Difícilmente Contadora podría retomar el hilo, al menos con la rapidez necesaria para vencer el nuevo marasmo.

Está muy claro, también, quiénes son los verdaderos responsables de la ausencia de paz –en este caso de la presencia de la guerra- en América Central. La intransigencia se ha unido a la soberbia. Y, en el patio, la incapacidad se junta con la falta de valor para actuar con firmeza en algo decididamente trascendental: el futuro del pueblo centroamericano con la paz necesaria para su desarrollo económico y social.

Dentro de ese tinglado centroamericano, armado descuidadamente porque ya no importan ni siquiera las apariencias, es resaltable no sólo la visita del señor Habib, sino la del señor Elliot Abrams, subsecretario de Estado norteamericano para Asuntos Latinoamericanos, quien vino acompañado del subsecretario de Defensa, señor Fred Ikle, del subsecretario adjunto, señor Robert Pastorino, y del señor José Zorzano, miembro del Consejo Nacional de Seguridad de los Estados Unidos.

El señor Abrams "no tiene misión" que cumplir, ha dicho el presidente de la Subcomisión de Relaciones Exteriores para América Latina, senador Christopher Dodd, por haberle mentido al Congreso de los Estados Unidos en las audiencias para aclarar el caso Irán-Contras. La cabeza del señor Abrams está a punto de rodar, y si ello ocurriera habría una especie de orfandad para los títeres del guiñol centroamericano.

Entonces, esta visita de tan altos cargos del Departamento de Estado y del Departamento de Defensa dejan la impresión muy definida de un reforzamiento para la política del señor Abrams, "hombre fuerte" de América Central, en el sentido de darle a los mandatarios –civiles y verde-olivo un tranquilizante, ante la expectativa de un cambio de política por parte de la administración, independientemente de cualquier final del señor Abrams.

Vale decir que, empantanado el Plan Arias, lo único coherente a la vista es la tenacidad de la administración Reagan para continuar la guerra en esta región, cueste lo que cueste. Solo faltaría esperar hasta dónde el Congreso de los Estados Unidos aplica igual tenacidad para cambiar ese rumbo, en favor de estos desgraciados pueblos considerados el traspatio del Coloso del Norte.

TIEMPO/18 DE JUNIO DE 1987

"SI NO HAY IMPEDIMENTO "LEGAL O TÉCNICO": COMICIOS INTERNOS DEL LIBERALISMO SERÁN EL PRÓXIMO 6 DE SEPTIEMBRE

Luego de acaloradas deliberaciones por espacio de cuatro horas, los siete aspirantes presidenciales del gobernante Partido Liberal decidieron a altas horas de la noche del pasado martes que las elecciones internas de ese instituto político se realizarán el próximo seis de septiembre.

El encuentro de políticos liberales, que estuvo avalado por el presidente José Azcona Hoyo, se verificó en la sede del Consejo Central Ejecutivo y el principal punto en discusión lo constituyó la fijación de la fecha para la realización de los comicios internos.

Los aspirantes a sustituir al mandatario hondureño el 27 de enero de 1990 coincidieron en señalar que las elecciones internas deben verificarse lo más pronto posible, a efecto de impedir que la crisis interna obstaculice los planes de gobierno de Azcona Hoyo.

Al inicio de la reunión, los siete pre-candidatos exteriorizaron sus inquietudes con relación a las fricciones que sufre el partido de gobierno, como consecuencia del debate interno que tiene sus raíces en la lucha por controlar el Consejo Central Ejecutivo del instituto político.

En el desarrollo de las deliberaciones, el presidente del Congreso Nacional Carlos Orbin Montoya informó que él, junto a Jorge Roberto Maradiaga y Carlos Flores Facussé, se pronunciaron porque los comicios se realicen el próximo seis de septiembre.

Sin embargo, Enrique Ortez Colindres, Ramón Villeda Bermúdez, Jorge Arturo Reina (que representó a su hermano Carlos Roberto Reina) y William Hall Rivera fueron del parecer que la contienda debe concretarse el cuatro de octubre del presente año.

Al igual que el presidente del Congreso, Maradiaga y Flores Facussé sostuvieron en un intermedio del encuentro que las deliberaciones continuaban debido a que cuatro de sus correligionarios se mostraban renuentes a aceptar la primera semana de septiembre como fecha tope para la celebración de la consulta popular.

LOGRAN ACUERDO

A pesar de las posiciones encontradas que mantenían los políticos liberales al inicio de los debates, al filo de las 11:15 de la noche el secretario del Central Ejecutivo, Pompilio Romero Martínez, dio a conocer un acta resolutoria avalada con la firma de los siete pre-candidatos.

El convenio -que no fue firmado por el presidente Azcona Hoyo, pero sí por los miembros del Central Ejecutivo que participaron en la reunión- establece que las elecciones internas deberán celebrarse el domingo seis de septiembre del presente año.

El manifiesto señala que los comicios para elegir autoridades locales, delegados a las asambleas departamentales y delegados a la Convención Nacional, deberán practicarse "bajo las más absolutas garantías" en la fecha arriba establecida.

Sin embargo, la resolución prescribe que de existir algún "impedimento legal o técnico", será la Comisión Nacional Electoral de ese instituto político la que se encargará de fijar una nueva fecha para la realización de las elecciones.

Lo anterior significa que el día escogido para celebrar los comicios internos está sujeto a cambio, pues en el aspecto legal el Tribunal Nacional de Elecciones aún no está preparado para poner en práctica el voto domiciliario, como lo establece la Ley Electoral en estos casos.

De igual manera, en el terreno práctico, el máximo tribunal electoral del país ni siquiera ha iniciado las diligencias para la obtención del denominado "sello seco" que servirá de base para impedir que una misma persona ejerza el sufragio a favor de dos a más candidatos. Ambas deficiencias han sido reconocidas por las propias autoridades del órgano electoral.

Por otra parte, el máximo dirigente nacionalista Rafael Leonardo Callejas, ha expresado en reiteradas ocasiones que no permitirá reformas a la Ley Electoral, lo que significa que, si el voto domiciliario no está preparado para el seis de septiembre, las anunciadas elecciones serán pospuestas.

La Ley Electoral y de las Organizaciones Políticas demanda la incorporación de ambos requisitos en las elecciones internas que practiquen los partidos legalmente inscritos.

Los precandidatos liberales, ante la presencia del presidente Azcona Hoyo, decidieron realizar las elecciones internas el próximo 6 de septiembre. (*Foto Sabillón*).

EL HERALDO/18 DE JUNIO DE 1987

VOTO DE CONFIANZA OTORGAN PRECANDIDATOS A AZCONA HOYO

Un voto de reconocimiento a favor del presidente José Azcona Hoyo emitieron el pasado martes los pre-candidatos liberales que ese día se reunieron con el propósito de fijar una fecha para la realización de las controversiales elecciones internas de esa institución política.

Los siete aspirantes presidenciales del partido en el poder analizaron los esfuerzos que Azcona Hoyo ha realizado en beneficio de la democracia hondureña y de la conciliación liberal y concluyeron en la necesidad de otorgarle un reconocimiento público en honor a su labor.

El documento que cuenta con la firma de los siete pre-candidatos fue dado a conocer al término de la reunión, en la cual se determinó que los comicios internos liberales se verificarán el próximo seis de septiembre.

El reconocimiento establece que los coordinadores de las corrientes internas del Partido Liberal, "con absoluta responsabilidad y conscientes del momento histórico que vive nuestro instituto político, hemos decidido unificar criterios para lograr el cuarto triunfo consecutivo de nuestro partido".

El manifiesto fue leído por Enrique Ortez Colindres, quien posteriormente externó su confianza en que los acuerdos logrados servirán de base para la unificación del Partido Liberal y agregó que el total de candidatos se comprometió a respetar lo pactado.

Asimismo, Ortez Colindres informó que en el encuentro que contó con la presencia de Azcona Hoyo se determinó crear una Comisión Permanente integrada por todos los pre-candidatos, con el propósito de tratar de resolver los problemas que se presenten, de manera conjunta.

De acuerdo a las declaraciones de Ortez Colindres, el principal objetivo de los convenios suscritos es impulsar desde ahora la cuarta victoria liberal en noviembre de 1989.

EL HERALDO/18 DE JUNIO DE 1987

LIBERALES PREPARAN NUEVAS REFORMAS A LEY ELECTORAL

Los movimientos internos y el Consejo Central Ejecutivo del Partido Liberal (CCEPL) crearán una "Comisión Jurídico-Política" para que se encargue de elaborar un proyecto de reformas a la Ley Electoral y posteriormente presentarlo al seno de la Cámara Legislativa.

Así lo confirmó el martes el coordinador general del Movimiento Liberal Democrático Revolucionario (M-LIDER), Jorge Arturo Reina, luego de finalizar una reunión con los aspirantes a la Presidencia de la República por el partido de gobierno, en la cual participó el mandatario José Azcona Hoyo. Reina informó que el anteproyecto de reformas que elabore la Comisión Jurídico-Política en referencia será discutido en su oportunidad por los siete pre-candidatos liberales, a efecto a plantear las reconsideraciones que el caso amerite.

De acuerdo a lo expresado por el dirigente político, una vez que el referido anteproyecto contenga las modificaciones necesarias, los representantes de las corrientes internas del Partido Liberal procederán a aprobarlo para luego buscar la forma de enviarlo al Congreso Nacional.

El organismo Jurídico-Político será creado por los liberales, no obstante que el presidente del Partido Nacional, Rafael Leonardo Callejas, que controla 63 escaños en la Cámara Legislativa ha manifestado que no aceptará ningún tipo de reformas a la Ley Electoral y de las Organizaciones Políticas.

EL HERALDO/18 DE JUNIO DE 1987

EDITORIAL
REUNIFICACIÓN LIBERAL

Después de un prolongado período de abstinencia política, el presidente de la República decidió intervenir en los quehaceres internos de su partido, el Liberal, a efecto de contribuir con su peso moral a reducir las tensiones y conflictos que han dividido y subdividido a la institución cívica que carga sobre sus hombros con la responsabilidad de administrar el país.

A ese efecto convocó a dos reuniones de los aspirantes presidenciales (nada menos que siete, en esta era de proliferación de afanes), y por principio de cuentas logró una especie de tregua en la encarnizada guerra verbal que se libraba a través de los medios electrónicos, para luego – en una segunda ronda—inducir un consenso que sirvió para fijar, definitivamente, la fecha en que han de celebrarse las elecciones internas del liberalismo.

Tales comicios, como se informa en la sección noticiosa de LA PRENSA, tendrán lugar el 6 de septiembre. Al parecer, hubo algunos dirigentes que trataron de prolongar la actual agonía del Consejo Central Ejecutivo (que se encuentra de facto desde hace más de un año), sugiriendo que las elecciones se celebrarán en noviembre, pero finalmente prevaleció la sensatez y se acordó una fecha que, sin ser inminente, está más cercana que la anhelada por quienes simpatizan con el status quo prevaleciente en el partido de Villeda Morales, Rodas Alvarado y Zúñiga Huete.

Los distintos líderes que concurrieron a las reuniones con el presidente Azcona pusieron de relieve el papel significativo y decisorio que éste jugó, tanto al acercar a los coordinadores de los múltiples movimientos internos, como al invitarlos --serena pero firmemente-- a abandonar el uso de insultos y violencia verbal en sus campañas y, finalmente al contribuir a que construyeran un consenso para la celebración de las tan llevadas y traídas elecciones internas.

Desde el momento en que don José Azcona llegó a Casa Presidencial, estuvimos en respetuoso desacuerdo con su anuncio (después confirmado por la realidad), de que no intervendría en política.

Y estuvimos en desacuerdo porque entendemos que un mandatario electo libremente por el pueblo, tiene con éste un compromiso, un vínculo y una responsabilidad que sólo puede cumplirse a través de una continua comunicación política.

A diferencia de los jefes de Estado surgidos de un golpe que no se deben a su pueblo, el presidente sí tiene un auditorio que le pide cuentas, que lo respalda, que lo critica o lo defiende, pero --en fin-- que espera de él una conducción, un liderazgo que, precisamente por ser democrático, tiene que ejercerse dentro de los cánones de la acción política.

Al parecer, el señor Azcona quería tomar distancia de un predecesor suyo que virtualmente no trabajaba en su oficio de presidente por estar metido en la politiquería las 24 horas del día.

Pero en materias tan sensitivas como éstas, no se puede (o debe) ir hasta los extremos. Se debe -eso sí- evitar la politización a ultranza, pero no abandonar la propia responsabilidad ante el Partido elector y, mucho menos, ante el pueblo.

Por eso creemos, y los primeros hechos así lo evidencian, que el gobernante ha hecho muy bien en acercarse nuevamente al quehacer político, y hacerlo desde una posición mesurada, conciliatoria y objetiva.

Como muy bien lo dijo el propio presidente Azcona hace algunos meses, la única forma segura de reconstruir la unidad liberal es a través del respeto, riguroso y responsable, al resultado de elecciones internas libres, honestas y garantizadas.

Este primer paso que se ha dado en procura de zanjar las corrosivas divisiones que han venido erosionando al liberalismo debe ser visto con simpatía por todos los hondureños, ya que si algo necesita nuestro pueblo en esta hora difícil es, precisamente, un alto sentido de unidad nacional.

Y mal puede unir a todos los hondureños aquel líder que no puede unir a sus propios seguidores.

Esperemos que este proceso de conciliación intrapartidario continúe con paso firme, y desemboque en comicios internos transparentes y confiables.

Incuestionablemente, el respeto a la ley y a la soberanía popular es la única forma de construir la paz. Y habida cuenta de que un camino de mil kilómetros comienza por un paso, podemos ver el futuro con esperanza. Ojalá y ésta no termine, como tantas veces, en frustración…

LA PRENSA/18 DE JUNIO DE 1987

SEGÚN DIRIGENTES MAGISTERIALES
AZCONA RECONOCE QUE MINISTRA DE EDUCACIÓN VIOLÓ LAS LEYES

TEGUCIGALPA. - El presidente de la República, José Azcona Hoyo, reconoció ayer, ante los dirigentes magisteriales que la ministra Elisa Valle de Martínez, ha violado las leyes educativas, y se comprometió destinar 300 mil lempiras anuales para ejecutar un programa de profesionalización de maestros empíricos.

Los dirigentes que forman el Movimiento Nacional de Maestros de Honduras, MONAMAH, de la línea democrática, se reunieron por espacio de dos horas con el Presidente de la República, a quien le plantearon sus principales problemas relacionados con las denunciadas violaciones a las leyes educativas, el Estatuto del Docente y el enfrentamiento entre el sindicato de trabajadores del Instituto de Previsión del Magisterio INPREMA con la patronal.

Azcona Hoyo reconoció luego que los mentores le describieron sellos y pruebas, según dijeron, que la ministra de Educación ha violado las leyes educativas, especialmente en la agilización de algunos trámites legales y el nombramiento de maestros sin concursar.

El mandatario platicará con la titular de Educación para solucionar el problema, porque la ministra Valle de Martínez ha perdido el control y la autoridad de esa Secretaría de Estado, dijo Nery Rodríguez, presidente del Colegio Profesional Superación Magisterial Hondureño (COLPROSUMAH).

Por su parte, la conductora del Primer Colegio Profesional Hondureño de Maestros (PRICPHMA), Lila Luz de Maradiaga, reveló estar muy entusiasmada y que el gobernante se comprometió a reactivar la comisión que estudiaba el Estatuto del Docente Hondureño, la que dará su dictamen en los próximos meses, especialmente en la parte que corresponde a los incrementos salariales.

En el caso del SITRAINPREMA que están pidiendo incrementos salariales, el gobierno ordenará a los responsables de rectorar este organismo para que continúen las pláticas con el Sindicato.

La dirigencia de las organizaciones magisteriales reunidas con el mandatario hondureño, José Azcona Hoyo, en busca de solución a diversos problemas. (*Foto Aulberto Salinas*).

LA PRENSA/18 DE JUNIO DE 1987

AZCONA PADRINO DE EGRESADOS DEL CURLA

LA CEIBA. - El presidente José Simón Azcona Hoyo será el padrino de la promoción de egresados del Centro Universitario Regional del Litoral Atlántico (CURLA), durante el presente año.

Así lo dio a conocer oficialmente el ingeniero Aníbal Barrow, encargado de la sección de comunicaciones de este centro.

Azcona fue electo por unanimidad por las tres carreras, Economía Agrícola, Ingeniería Forestal e Ingeniería Agronómica. El presidente ya notificó su asistencia, diciendo que acepta con humildad la escogencia y a la vez manifiesta su agradecimiento por tan honrosa distinción. Según ha trascendido, Azcona Hoyo llegará a su ciudad natal haciéndose acompañar de su Gabinete de Gobierno e invitados especiales. También estará presente el Consejo Superior de las Fuerzas Armadas, encabezados por el general Humberto Regalado Hernández.

La visita del presidente José Simón Azcona del Hoyo a La Ceiba coincide con la llegada a esta ciudad del embajador de los Estados Unidos en nuestro país, Everett Briggs, quien llegará acompañado de su esposa Salle, quienes serán objeto de recibimiento especial por parte de Mr. Randy Fleming, gerente general de Standard Fruit Company y su esposa Bonny.

La promoción de egresados del CURLA se llevará a cabo el sábado veintisiete del presente mes. (Marcelino García, corresponsal).

TIEMPO/19 DE JUNIO DE 1987

ELECCIONES DEBERÁN PRACTICARSE CON LAS MÁS ABSOLUTAS GARANTÍAS

TEGUCIGALPA. (Por José Danilo Izaguirre). - La realización de las elecciones internas para el seis de septiembre acordaron los precandidatos presidenciales del Partido Liberal con la intervención del presidente José Azcona.

Ante la tardanza de especificar una fecha para la práctica de elecciones internas en el Partido Liberal, para la escogencia de sus autoridades, el mandatario hondureño, se reunió el martes pasado con los presidenciales y las autoridades del partido, para fijar la fecha.

Luego de una serie de deliberaciones entre los participantes se llegó al acuerdo de practicarlas el seis de septiembre en donde saldrán electos los convencionales del partido. A la cita trascendental de los liberales que venían observando una conducta divisionista concurrió, el ingeniero José Azcona, como máximo líder en busca de una solución al conflicto.

Luego de una polémica interna de los precandidatos presidenciales en donde no se ponían de acuerdo a la realización de las elecciones, se acordó definir una fecha.

William Hall Rivera, Enrique Ortez Colindres, Ramón Villeda Bermúdez y Jorge Arturo Reina, mantenían la tesis que se debían practicar las elecciones hasta el mes de octubre ya que en estos momentos no se cumple con la aplicación de la ley respecto al sello y seco y el voto domiciliario.

Por su parte Jorge Roberto Maradiaga, Carlos Roberto Flores Facussé y Carlos Montoya, sostenían que el seis de septiembre era la fecha oportuna, por lo que se llegó a un acuerdo con la intervención de Azcona.

Solucionado el conflicto que surgía de las diversas opiniones de los interesados se firmó un documento por todos los presidentes, aunque no lo hizo Azcona, pero lo avaló.

El comunicado dice "los suscritos miembros del Consejo Central Ejecutivo del Partido Liberal (CCEPL), y los coordinadores de las corrientes que se disputan la conducción del máximo organismo político del partido en el poder, al pueblo hondureño le informan: Que han llegado al común acuerdo de que las elecciones de autoridades locales, delegados a las asambleas departamentales y delegados a la convención nacional del Partido Liberal, deberán practicarse bajo las más absolutas garantías el domingo seis de septiembre, salvo el caso que existe un impedimento legal o técnico en donde será la comisión nacional electoral del Partido Liberal, la que fijará la fecha.

Invitamos a todos nuestros seguidores para que intensifiquen sus actividades políticas y luchen en las campañas proselitistas predicando la unidad del partido y la supremación de nuestros principios ideológicos" concluye el documento.

LA PRENSA/18 DE JUNIO DE 1987

CARLOS FLORES:
COMICIOS INTERNOS FORJARÁN LA UNIDAD DEL PARTIDO LIBERAL

SAN PEDRO SULA. - "La celebración de elecciones internas para renovar las autoridades del Partido Liberal, definitivamente fijadas por consenso para el 6 de septiembre próximo pondrán fin a la anarquización del partido y darán pie a la unificación afectiva de sus filas, clave de la victoria en 1989", dijo a LA PRENSA el aspirante presidencial Carlos Roberto Flores.

En opinión del diputado y Coordinador del Movimiento Liberal Florista (MLF), el acuerdo a que se llegó la noche del 16 del corriente, "será de beneficio para el liberalismo y la democracia", pues pondrá fin a una situación de facto y virtual acefalía que ha paralizado las actividades del instituto político en el poder.

"La mediación del señor presidente de la República, jugó un papel positivo en este acercamiento y en esta definición", agregó CRF, recordando que desde hace varios meses el mandatario había expresado la necesidad de poner término a las pugnas entre liberales, y había subrayado que la forma más segura de alcanzar la unidad era "respetando el resultado de las elecciones internas".

Lo positivo de esta decisión, explicó, es que hubo algunas voces que pretendían postergar las elecciones internas hasta diciembre (o más allá). "Nuestra posición, por el contrario, es que tales comicios urgen, y finalmente se llegó a la fecha ya mencionada…"

Para arbitrar este proceso, añadió, se creó un cuerpo ad-hoc integrado por los coordinadores de los movimientos internos, que se reunirá periódicamente con el presidente Azcona, para resolver cualquier problema que pudiera surgir en el camino.

Finalmente, y al consultársele sobre la posición del florismo respecto a las elecciones municipales, el dirigente reiteró su conocido criterio de que tal consulta es de gran importancia para el sistema democrático, "y nosotros insistimos en la conveniencia de realizarla, modificando los términos y reformando la ley, pero esta posición no encontró, infortunadamente, eco entre la mayoría de los aspirantes a la primera magistratura de la Nación…".

Carlos R. Flores

LA PRENSA/18 DE JUNIO DE 1987

NOMBRAN COMISIÓN ASESORA

TEGUCIGALPA. - Una comisión asesora para colaborar con el Consejo Central Ejecutivo del Partido Liberal fue nombrada por los coordinadores de las corrientes internas del Partido Liberal la que además tendrá contacto directo con el ingeniero José Azcona.

Así lo reveló ayer el doctor Jorge Roberto Maradiaga, coordinador del Movimiento Amigos del Auténtico Líder ADALID, luego de finalizada la reunión con el ingeniero José Azcona.

Manifestó Maradiaga que la comisión nombrada se reunirá cada martes en la casa del Partido Liberal, para asesorar a las autoridades del partido sobre los mecanismos a seguir en busca del poder. La comisión la integran los precandidatos presidenciales del Partido Liberal, y de esa forma se evitan controversias y una desintegración de la unidad del partido.

Considera que con esa designación se consolida la unidad del partido en el poder, pues el mandatario hondureño estará participando en algunas reuniones de las autoridades de su partido.

Maradiaga, confía que con la colaboración de Azcona se logrará la verdadera unidad del Partido Liberal, pues el mandatario no interviene en las decisiones; sólo actúa como un asesor de las actividades de su partido, finalizó.

LA PRENSA/18 DE JUNIO DE 1987

VOTO DE CONFIANZA A AZCONA

TEGUCIGALPA. - Los coordinadores de las corrientes internas del Partido Liberal formularon un voto de reconocimiento al ingeniero José Azcona, por su meritoria acción conciliadora y sus ingentes esfuerzos para robustecer la democracia. El ingeniero Azcona tuvo que intervenir para llamar a la conciliación de los coordinadores de los movimientos internos del Partido Liberal, en busca de una inmediata unificación de dicho instituto político. Enrique Ortez Colindres, que fue designado para que diera lectura al reconocimiento que se le hizo al ingeniero Azcona, por su valiosa participación en la búsqueda de la unidad y el fortalecimiento de la democracia, reconoció tales méritos.

Ortez Colindres dijo que, con esa decisión de respaldar la administración de Azcona, reconocer su labor efectiva en pro de la democracia, han demostrado la suficiente madurez en estos momentos de crisis.

LA PRENSA/18 DE JUNIO DE 1987

SE GRADUA DE BACHILLER Y HIGH SCHOOL

En ceremonia de graduación hoy en el teatro Manuel Bonilla recibirá su título de Bachiller en Ciencias y Letras y High School, el joven José Simón Azcona Bocock, quien ha finalizado sus estudios secundarios en la Elvel School, de esta capital.

El nuevo bachiller es hijo del Presidente Constitucional de la República, ingeniero José Simón Azcona y de la primera dama de la Nación, profesora Mirian Bocock de Azcona, quienes reciben de familiares y amistades congratulaciones, augurándole a José Simón éxitos en sus estudios superiores en la Universidad Nacional Autónoma de Honduras.

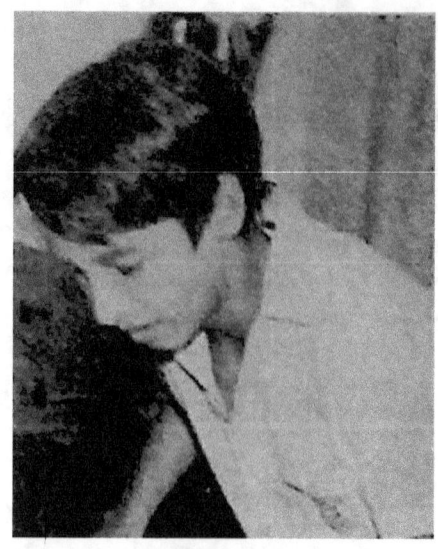

José Simón Azcona Bocock

LA TRIBUNA/19 DE JUNIO DE 1987

AZCONA APOYA ESTATUTO DEL DOCENTE

Además, ordenará que cesen las irregularidades administrativas y el irrespeto a las leyes educativas en el Ministerio de Educación.

El presidente José Azcona Hoyo prometió ayer a los dirigentes del magisterio nacional que está de acuerdo en la pronta emisión del Estatuto del Docente, incluyendo la negociación de la cláusula salarial que han venido demandando los mentores.

Igualmente, el gobernante dijo que ordenará una investigación de las irregularidades administrativas que se están presentando en el Ministerio de Educación Pública debido al irrespeto de las leyes educativas por parte de algunos funcionarios.

Azcona se reunió la mañana de ayer con la dirigencia del Movimiento Nacional de Magisterio Hondureño (MONAMAH), que integran cuatro organizaciones magisteriales presididas por

Nery Rodrigo Paredes, Lila Luz de Maradiaga, Marina Lemus de Morazán y Magdalena de Burgos.

El MONAMAH es una especie de Federación integrada por el COLPROSUMAH, PRICHMA, Unión Magisterial y SINPRODOH, constituida el pasado 7 de abril para luchar por la pronta emisión del Estatuto del Docente en el Congreso Nacional.

La presidenta del PRICHMA dijo que el gobernante "está muy bien intencionado en darle curso al Estatuto del Docente, especialmente al aspecto salarial, para lo que va a organizar una comisión que se encargue de establecer las cláusulas económicas".

"Creemos que el magisterio debe estar optimista porque el presidente dice que el Estatuto del Docente es constitucional y que no está en contra de su vigencia", dijo por su parte el presidente del COLPROSUMAH, Nery Rodrigo Paredes.

Los dirigentes magisteriales apuntaron que el mandatario les pidió que antes de plantear sus demandas tomaran en cuenta la situación económica del país, pero que está dispuesto a iniciar negociaciones con respecto al salario que deben devengar los mentores.

"Los maestros estamos conscientes de la situación financiera y por ello no estamos pidiendo el montón de dinero, sino lo justo", sostuvo la presidenta del Unión Magisterial, Marina Lemus de Morazán.

Agregó que no cejarán en su empeño de que la cláusula salarial sea incluida en el Estatuto porque se trata de un mandato de las bases, ordenado en las distintas asambleas que han venido sosteniendo los colegios magisteriales en los últimos meses.

"Nosotros necesitamos el aumento, aunque nos lo den en forma diferida", expresó Lemus de Morazán.

Además del Estatuto del Docente, los maestros también plantearon varias irregularidades administrativas que se suscitan en el Ministerio de Educación, como es el caso de una maestra que en enero solicitó licencia por razones de enfermedad, y se la concedieron en mayo, cuando ya había fallecido.

"Ese caso le impactó mucho al presidente y prometió arreglar esos problemas con la ministra Elisa Valle de Martínez, quien ha perdido el control y la autoridad, principalmente en los mandos intermedios del ministerio", sostuvo Paredes.

Finalmente, los dirigentes del magisterio plantearon el problema que se deriva de las pretensiones económicas del Sindicato de Trabajadores del Instituto de Previsión del Magisterio (SITRAIMPREMA), las cuales consideran "demasiado elevadas".

Al respecto informaron que el INPREMA es una institución de asistencia social para el gremio y no para capitalizar dinero en favor de determinadas personas.

Azcona les dijo, sobre el particular, que instruirá al ministro del Trabajo, Adalberto Discua, para que le informe sobre la marcha de las negociaciones entre el sindicato y el instituto a fin de lograr un acuerdo que no afecte a ninguna de las partes.

El presidente José Azcona dialoga ayer en la Casa de Gobierno con los dirigentes del magisterio nacional a quienes prometió agilizar la emisión del Estatuto del Docente y revisar los sueldos que actualmente devengan. (*Foto Efraín Salgado*).

EL HERALDO/18 DE JUNIO DE 1987

JOSÉ AZCONA DEL HOYO:
PRECANDIDATOS PERDEDORES TENDRÁN QUE APOYAR DECISIÓN DE LA MAYORÍA

TEGUCIGALPA. - El presidente de la república José Azcona Hoyo anunció que en lo que sea necesario se reformará la Ley Electoral y de las Organizaciones Políticas con el Congreso Nacional para no darle ventajas a ningún candidato.

Señaló que prestará toda su colaboración a las autoridades del Consejo Central Ejecutivo del Partido Liberal, como a la Comisión Nacional Electoral para que las elecciones se practiquen lo más honestamente posible sin fraudes de ninguna naturaleza.

Sostuvo que se llegó a un acuerdo en que, si es necesario reformar la Ley Electoral y de las Organizaciones Políticas, referente a que se practiquen las elecciones en el menor tiempo posible, se hará.

Todo depende, señaló Azcona, de la voluntad política que han dejado establecido los diputados del Congreso Nacional, en busca de soluciones al conflicto que afecten nuestra democracia.

Reconoció el mandatario que las elecciones internas del Partido Liberal, para la escogencia de las autoridades supremas departamentales y locales es el inicio de una apertura democrática, para que en su momento todos los liberales, respalden al ganador.

Sostuvo que sólo unificados podrán los liberales obtener otra victoria presidencial ya que la unión de todos puede ser dar al traste con las aspiraciones políticas de sus adversarios.

Los que pierdan dijo Azcona, en elecciones internas, tendrán que respetar las decisiones de la mayoría, aunque esto no es lo definitivo a que resta la escogencia del candidato presidencial.

Dijo que confía en sus correligionarios que mantendrán una posición de unidad, pues fueron claros al exponer en su presencia algunas irregularidades que se solventan, respetando la ley.

El mandatario se mostró satisfecho de su labor en beneficio de la unidad del Partido Liberal, pues considera que no está parcializado con ninguno de los presidenciales pues todos son sus amigos.

Es de la opinión que no existe contrariedad ni mucho menos injerencias entre los tres poderes del Estado, todos trabajan independientemente de los demás.

Eso nos agrada pues lo han demostrado mis amigos dirigentes al ofrecerme un reconocimiento y respaldo a mi administración pues de la buena labor que se haga en parte dependerá del triunfo del partido en el poder.

Azcona Hoyo

LA PRENSA/18 DE JUNIO DE 1987

DIRECTOR DE AID:
CONVENIO ES UNA PRUEBA DE NUESTRO APOYO AL PLAN ECONÓMICO DE AZCONA

TEGUCIGALPA. - El embajador de los Estados Unidos, Everett Briggs, dijo que los 65 millones de dólares que el gobierno de los Estados Unidos otorgará a Honduras, cuyo convenio de donación fue firmado ayer, servirán para mejorar la situación económica de los más necesitados y respaldar el fortalecimiento de la democracia.

"Ese fortalecimiento de la democracia es el principal objetivo de la administración Reagan y del pueblo americano, que considera que su propio bienestar, nuestro propio destino, está íntimamente ligado a la consolidación de la democracia no sólo en este país hermano muy querido, sino en el hemisferio que ambos países ocupamos", expresó.

Indicó que, con la firma del convenio de donación de 65 millones de dólares, para el programa de estabilización económica, el gobierno de los Estados Unidos desea mostrar su propósito de coadyuvar al esfuerzo del gobierno hondureño de promover el desarrollo y el bienestar económico del pueblo.

Por su parte, el director de la Agencia para el Desarrollo Internacional (AID) en Honduras, John Sambrailo, felicitó al presidente José Azcona Hoyo por el programa económico que ha elaborado para este año.

Señaló que "este programa y los fondos que estamos proporcionando hoy día, van a generar mucha más actividad en la economía hondureña y mucho más inversiones y exportaciones. También va a tener un importante impacto en la generación y nuevos empleos en el país".

Manifestó que el convenio de donación que se firmó ayer "es una muestra del apoyo de AID para el Programa Económico del gobierno y la confianza que nosotros tenemos en la manera como el gobierno está manejando la economía de este país". (TDG).

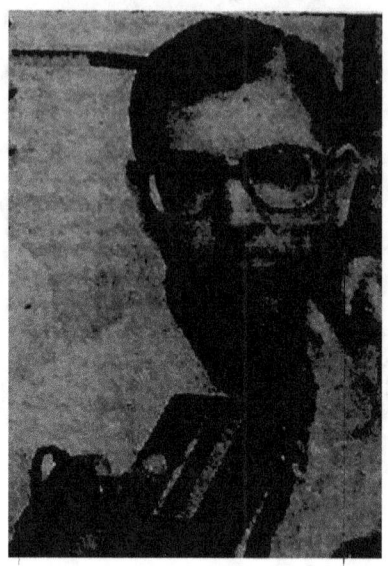

Everett Briggs

TIEMPO/20 DE JUNIO DE 1987

CONGRESO RESPALDARÁ A AZCONA PARA QUE NO INDEMNICE A TEMÍSTOCLES

TEGUCIGALPA. –Los representantes de la Cámara Legislativa, tras aprobar anoche la moción del diputado nacionalista Efraín Reconco Murillo, se nombró una comisión para documentar la protesta ante el gobierno de los Estados Unidos por su injerencia en los asuntos internos de Honduras.

La moción se encamina a condenar las acciones de Temístocles Ramírez de Arellano, quien ha demandado al gobierno hondureño, el pago de una suma millonaria en dólares por una supuesta expropiación de sus tierras localizadas en Trujillo, Colón.

La ponencia de Reconco Murillo no fue aceptada a plenitud ya que se suprimió el numeral tres, que reza excitar al gobierno de la república para que devuelva las tierras que detentó el señor Ramírez, a sus legítimos propietarios, los pobladores garífunas de esa zona o en su caso les conceda una justa compensación por la usurpación de que fueron objeto".

Igualmente se acordó una seria protesta contra la administración Reagan por la conducta asumida y si bien es cierto sus leyes deben de respetarse las nuestras también, y considera que no se debe claudicar en forma humillante.

La comisión quedó integrada por Efraín Díaz Arrivillaga, Rafael Pineda Ponce, Enrique Aguilar Cerrato, Efraín Reconco Murillo, Edmon L. Bográn, José Guzmán y Salvador Darío Cantarero.

DIRECTOR DEL INA PUEDE SER INTERPELADO:

El director del Instituto Nacional Agrario (INA) Mario Espinal, será interpelado en las próximas horas para investigar el paradero los documentos de traspaso de tierras a Temístocles Ramírez.

Como se sabe esos documentos establecen el nombre de los funcionarios del INA, que hicieron el traspaso de tierras que legalmente no se podían ceder en posesión al extranjero.

En este sentido se pretende deducir responsabilidad a los que se prestaron a efectuar esa posesión violando nuestras leyes, para que ahora el país esté comprometido pagar deudas que no debe. Señaló Reconco Murillo, que se hace necesario la unidad a los rectores de los poderes para que defiendan nuestros derechos en esos momentos en que la crisis económica puede ser afectada por la irresponsabilidad de unos pocos.

"Reconozco que hay consenso de los diputados en que se respalde al mandatario hondureño José Azcona, en su decisión de no pagar al norteamericano esos millones de lempiras, pues cometió delitos por evasión de impuestos", dijo Reconco Murillo.

"De esa forma podemos empezar a hacer prevalecer nuestros derechos y evitar que las ayudas extranjeras sean acondicionadas a intereses ajenos a los nuestros", finalizó.

LA PRENSA/19 DE JUNIO DE 1987

HAY QUE SEGUIR ADELANTE TRABAJANDO, INVIRTIENDO Y AHORRANDO: JOSÉ AZCONA

SAN PEDRO SULA. - El presidente José Azcona Hoyo inauguró las ampliaciones de las instalaciones de los laboratorios "Finlay" de esta ciudad ayer en horas del mediodía.

El mandatario hondureño estuvo presente en los actos acompañado por el ministro de Economía y Comercio, doctor Reginaldo Panting, el de Salud Pública, doctor Rubén Villeda Bermúdez, el proveedor general de la República, abogado Gustavo Ávila y el director general del Instituto Hondureño de Seguridad Social, doctor Gonzalo Rodríguez Soto, entre otros.

Azcona Hoyo y los miembros de su comitiva fueron atendidos por los propietarios y altos ejecutivos de la empresa Shibly y Jorge Canahuati. En tanto le correspondió al padre Antonio Quetglas bendecir las instalaciones del laboratorio.

Hablando para un selecto grupo de invitados, el presidente Azcona dijo que era la tercera vez durante su mandato que le ha tocado venir a San Pedro Sula para ser testigo del esfuerzo emprendedor de los empresarios, que con fe en el futuro del país invierten sus ahorros en la expansión de las empresas.

Azcona recordó que la primera vez fue a la inauguración de la ampliación de HONDULIT y posteriormente a Industrias Alfa.

Durante su breve discurso el mandatario destacó que en Honduras no existen oligarquías y que el progreso económico de algunos empresarios es el producto de su propio esfuerzo en tareas de producción.

Azcona hizo un llamado a los hondureños que con marcado pesimismo reiteran que Honduras es el país más pobre del continente, sin tomar en cuenta que el nuestro es un continente rico en relación a otros continentes del mundo.

El presidente Azcona dijo que hay que ver con optimismo el futuro del país y seguir hacia adelante, trabajando, invirtiendo y ahorrando para sacar a flote la economía hondureña. (DRM)

TIEMPO/20 DE JUNIO DE 1987

JOSÉ AZCONA HOYO: CONFÍO QUE NICARAGUA ASISTIRÁ A LA CUMBRE

SAN PEDRO SULA. - El presidente de Honduras, José Azcona, dijo hoy aquí que cree que su colega de Nicaragua, Daniel Ortega, asistirá a la "cumbre" de presidentes centroamericanos en Guatemala el 6 y 7 de agosto próximo.

Azcona dijo que "no quiero creer que el presidente Ortega tiene una posición cerrada frente a la cumbre de mandatarios y, si ha dicho que es inflexible frente a las fechas, también creo que puede rectificar la misma sin que nadie le condene por ello".

Al concluir la inauguración de la ampliación de los modernos laboratorios farmacéuticos "FINLAY", subrayó que maliciosamente se ha acusado a su gobierno y que en su oportunidad aclaró que Honduras no está al servicio del gobierno de Ronald Reagan para impedir que se realice la anunciada cumbre en Guatemala.

"Ya lo hemos dicho una y otra vez, que el gobierno del presidente Reagan no nos ha presionado de ninguna forma, para que nosotros no asistamos a Guatemala", especificó el gobernante, tras agregar que una prueba de esa intención es que el martes anterior se reunió en

Tegucigalpa con el presidente guatemalteco Vinicio Cerezo, para fijar próximas fechas sobre el desarrollo del encuentro centroamericano.

Preguntado qué harían por la paz de Centroamérica los demás mandatarios en caso que no quiera asistir a la cumbre el presidente de Nicaragua, Daniel Ortega Saavedra, Azcona Hoyo dijo que "independientemente que él asista o no, los presidentes de Centro América debemos reunirnos para analizar la situación y buscar las soluciones por la vía pacífica".

Azcona también reiteró su decisión de firmar el plan de paz para Centroamérica propuesto por el Presidente de Costa Rica, Oscar Arias, si tres países de la zona más lo hacen, aunque no lo firme Nicaragua.

"Nosotros (los hondureños) no vamos a ser los patitos feos del acontecer centroamericano ni vamos a tomar posiciones que nos dejen solos, ni a defender intereses que no sean los nuestros y los mejores para nuestro pueblo", dijo Azcona Hoyo.

CITY BANK VERSUS HONDURAS

El ingeniero Azcona Hoyo dio todo el crédito al presidente del Banco Central de Honduras, Gonzalo Carías Pineda, quien acusó al City Bank de Estados Unidos, de estar violentando la ética bancaria internacional, porque pretende obligar a Honduras a que le pague el doble por sus compromisos financieros.

"Tiene toda la razón el presidente del Banco Central, nosotros fuimos sorprendidos por una especie de embargo contra una cuenta del Banco Central por parte del City Bank, de Estados Unidos", subrayó el mandatario, tras asegurar que Honduras como país soberano jamás permitirá esa clase de abusos de una institución bancaria internacional.

Reiteró que jamás nuestro país ha negado sus obligaciones y desconocido el derecho que el City Bank tiene como acreedor de algunas instituciones privadas avaladas por Honduras "pero lo que está mal hecho es pasarse por encima de una conversación muy avanzada para actuar en esa forma un poco cortés y traicionera".

CASO TEMÍSTOCLES

Consultado que si el reclamo de indemnización del portorriqueño Temístocles Ramírez Arellano motivaría a honduras para que reaccionara de igual manera ante la administración Reagan por apoyar a los rebeldes nicaragüenses que han causado daños materiales en la zona sur de Honduras, Azcona Hoyo aclaró que hay conceptos equivocados sobre ambos temas.

"Yo en su oportunidad aclaré de la situación en una conferencia de prensa, pero al parecer no se ha entendido mi mensaje, porque el gobierno de Estados Unidos, no es el que ha hecho esa reclamación a Honduras, sino que el señor Ramírez, como ciudadano de Estados Unidos, ha recurrido a su representante en la Cámara de Representantes para que por esa vía se procure el cobro de una indemnización que el demandante ha planteado", especificó.

Aclaró que esa situación es muy distante del criterio de que la administración Reagan esté presionando a Honduras para que acepten la reclamación de Ramírez de Arellano, respecto de una indemnización al desalojarlo de las tierras donde fue instalado en su tiempo el Centro Regional de Entrenamiento Militar (CREM) en Puerto Castilla.

Respecto a los presuntos daños que los caficultores del sur reclaman por la presencia de tropas rebeldes nicaragüenses en aquel sector del país, el mandatario respondió: "Creo que se podría investigar ese asunto, pero lo de la indemnización no creo que sea posible".

LA PRENSA/20 DE JUNIO DE 1987

El presidente José Azcona entrega anoche un presente en la Casa Presidencial a monseñor Héctor Enrique Santos, tras condecorarlo a nombre del gobierno con la Orden de Morazán, en ocasión de cumplir el alto prelado católico 25 años como arzobispo de Tegucigalpa. Al centro observa el designado a la Presidencia José Pineda Gómez. En una misa por la efemérides, monseñor Santos dijo ayer por la mañana en la Catedral Metropolitana que en una ocasión interpuso su renuncia, ante el propio Papa.

(Foto de Orlando Sierra)

LA TRIBUNA/20 DE JUNIO DE 1987

FLUYE AYUDA NORTEAMERICANA
130 MILLONES DONA AID A HONDURAS

BCH venderá los dólares al sector privado para financiar proyectos
Compromiso de reducir gasto público
Con vistas a reforzar la estabilización económica de Honduras, mediante la disminución de las brechas fiscal y de la balanza de pagos el gobierno de Estados Unidos donó ayer 65 millones de dólares (130 millones de lempiras) para la ejecución del Programa Económico Nacional.

La donación proviene de los Fondos de Apoyo Económico de la Agencia para el Desarrollo Internacional (AID), fortaleciendo así el programa económico del gobierno del presidente José Azcona.

Fuentes informadas señalaron que por cada dólar proveniente de esta donación se generarán tres dólares adicionales en nuevas actividades económicas.

Firmaron el convenio el mandatario Azcona, el titular de Hacienda, Efraín Bu Girón y el presidente del Banco Central, Gonzalo Carías Pineda, por Honduras; el embajador Everett Briggs y el director de la AID John A. Sambrailo, por Estados Unidos.

De acuerdo a las fuentes, al tiempo que se disminuirán las brechas fiscal y de la balanza de pagos, se continuará la implementación de una serie de medidas estructurales destinadas a racionalizar las operaciones del sector público, promover mayores exportaciones e inversiones del sector privado y fomentar un mayor crecimiento de la economía y el empleo en el país.

Manifiestan que los dólares donados por la AID son divisas que, a través del Banco Central, podrán utilizar muchas empresas hondureñas para importar insumos y equipos necesarios a fin de aumentar los niveles de su producción y empleo.

El Banco Central, a su vez, dijeron, venderá estas divisas al sector privado y generarán lempiras a ser utilizados en varios programas de desarrollo.

Mediante este mecanismo, agregaron, se financiarán muchos programas de salud, educación, agua potable, desarrollo rural y agrícola, generación de empleo e infraestructura dirigidos hacia la población más necesitada del país.

Los fondos de la AID serán desembolsados al Banco Central en tres entregas: 30 millones el 31 de julio, otros 30 millones el 30 de octubre y el último, de 5 millones, en diciembre próximo.

Tras sostener que el desarrollo de Honduras no debe depender solamente del sector público, subrayaron que uno de los grandes éxitos del presidente José Azcona fue comenzar a bajar la brecha fiscal que el año pasado se fijó en 6.5 por ciento del Producto Interno Bruto y también disminuir la brecha en la balanza de pagos.

Aseguraron que la brecha fiscal en años anteriores a 1986 llegó a 10 y 11 por ciento. Empero, concluyeron, va a ser muy difícil durante el presente año disminuirla al 4 por ciento, por la baja en el precio del café en el mercado internacional y por el alza del petróleo.

Aspecto de la firma del programa económico de Honduras, que la AID impulsará con una donación de 65 millones de dólares. (*Foto Aquiles Andino*)

LA TRIBUNA/20 DE JUNIO DE 1987

PROGRAMA SUSCRITO CON EE.UU. NO IMPLICA NINGÚN SACRIFICIO

El presidente José Azcona aclaró ayer que el nuevo programa económico suscrito con los Estados Unidos no implica ningún sacrificio para el pueblo hondureño, "porque en el mismo no se han establecido cargas impositivas, ni se contempla devaluar la moneda".

Sin embargo, el mandatario anunció que en ese programa económico se establece una verdadera austeridad en el gasto público "y lo vamos a hacer realidad porque creemos que, si no se frena el gasto de una nación, no puede haber buena administración".

Azcona comparó la administración del Estado con la economía familiar y señaló que la familia que no gasta sólo lo que gana o menos de lo que gana, siempre se ve abocada a problemas financieros.

"Exactamente en una nación, indicó, cuando se gasta más de lo que se recibe también estaremos abocados a problemas de tipo financiero. En Honduras, eso es lo que ha pasado a través de los años. Se ha estado gastando más de lo que se recibe y eso ha llevado a situaciones delicadas en cuanto a déficit fiscal, baja de reservas, pero nosotros estamos empeñados en hacer los sacrificios necesarios para mejorar nuestra economía".

Destacó que la ayuda económica de 65 millones de dólares que recibirá su gobierno "no resolveremos los problemas de Honduras, pero sí les aplicaremos parte del paliativo tan necesario en momentos difíciles".

Afirmó que ese programa económico está bien elaborado por los técnicos del gobierno hondureño, que tiene metas que se van a lograr, que no se dejaron lagunas y que servirá de guía para el presente año y parte de 1988.

Azcona dijo que ese programa económico ha sido muy bien acogido por la Agencia para el Desarrollo Internacional (AID) y que se esperaba que también sea acogido por el Fondo Monetario Internacional (FMI) y el Banco Mundial.

LA TRIBUNA/20 DE JUNIO DE 1987

ENTIERRAN DIFOCOOP; SURGE INSTITUTO DE COOPERATIVAS

A un costo superior al millón de lempiras, se concretó ayer la desaparición de la Dirección de Fomento Cooperativo (DIFOCOOP), para darle vida al Instituto Hondureño de Cooperativas (IHDECOOP), aprobándose un presupuesto inicial de 400.000 lempiras.

Para cumplir con la anunciada "condena de muerte" para DIFOCOOP se hicieron presentes el director del Instituto Nacional Agrario, Mario Espinal, los viceministros de Recursos Naturales y de Economía, Luis Alonzo Quezada y Darío Hernández y dirigentes de las diferentes confederaciones de cooperativas.

Por unanimidad, los representantes nombraron nuevo gerente de IHDECOOP a René Chinchilla, por el resto de este año, quien venía fungiendo con el mismo puesto en DIFOCOOP, pero se discutió el destino del subgerente Walter Galindo.

Además de acordar el pago de 1.480.000 lempiras en prestaciones para los 164 empleados de DIFOCOOP, se determinó que la sede central de IHDECOOP estará ubicada en San Pedro Sula, mientras que en Tegucigalpa funcionará una oficina regional.

Sin embargo, el proceso organizativo se hará en Tegucigalpa, para lo que se decidió otorgar un presupuesto base de 400 mil lempiras. Para 1988 el nuevo organismo estará trabajando con un presupuesto de varios millones, se explicó.

Chinchilla dijo que las normas operativas de IHDECOOP serán totalmente diferentes, pues en adelante la junta directiva la integrarán por cuatro representantes del gobierno e igual número de los cooperativistas. DIFOCOOP funcionaba con tres representantes del gobierno y uno del movimiento cooperativo.

Chinchilla aseguró que el IHDECOOP no se convertirá en un nuevo elefante blanco y que tampoco servirá para darle entrada a ningún político.

DIFOCOOP desapareció a iniciativa de los mismos cooperativistas, quienes solicitaron al Congreso Nacional que se pronuncie sobre la creación de un Instituto de Cooperativas, lo cual se oficializó el pasado 20 de mayo.

LA TRIBUNA/20 DE JUNIO DE 1987

LABORATORIOS FINLAY A LA VANGUARDIA EN CA

Al inaugurar ayer en San Pedro Sula la expansión de las instalaciones de los "Laboratorios Finlay", cuyo costo es superior a los cuatro millones de lempiras, el presidente José Azcona indicó que el futuro de Honduras está en su Costa Norte y su gran Valle de Sula.

Indicó que en las tres oportunidades que ha visitado San Pedro Sula, ha sido para inaugurar instalaciones fabriles, por lo que la "Capital Industrial" es sí como la "tierra prometida" para este país. El empresario Shibly Canahuati, en representación del Consejo de Administración, dijo que producirían medicamentos de gran calidad.

LA TRIBUNA/20 DE JUNIO DE 1987

INAUGURAN AMPLIACIÓN DE LABORATORIOS FINLAY

El presidente José Azcona inauguró ayer en San Pedro Sula la ampliación de Laboratorios Finlay, misma que pone a nuestro país a la altura de las más avanzadas industrias del ramo en Latinoamérica. A los actos asistieron también los ministros de Salud y Economía, Rubén Bermúdez y Reginaldo Panting, así como altos funcionarios e invitados especiales.

EL HERALDO/20 DE JUNIO DE 1987

AZCONA CONFÍA EN QUE ORTEGA RECAPACITARÁ E IRÁ A CUMBRE

***Presidente controla la implantación de la pena de muerte

***Honduras no permitirá abusos de bancos del exterior

SAN PEDRO SULA. -El presidente José Azcona Hoyo reiteró ayer aquí que Honduras suscribirá el plan de paz para Centro América que sea probado por tres presidentes más, aunque Nicaragua se oponga al proyecto.

No obstante, indicó Azcona, Honduras no será el impedimento para que haya paz en Centro América, aunque "se nos ha querido acusar que estamos al servicio del presidente Reagan para impedir la cumbre de mandatarios" que se habría de realizar del 25 al 26 de junio en Guatemala.

Azcona dijo que, aunque el presidente de Nicaragua, Daniel Ortega Saavedra, se niegue a asistir a la próxima cumbre de presidentes prevista para el 6 y 7 de agosto próximo, los demás gobernantes del área sí deben reunirse para buscar una solución pacífica a la crisis regional.

Cuando se le preguntó si esa cumbre entraría en crisis por la inasistencia del presidente Ortega, Azcona dijo que no quería adelantarse a los acontecimientos, y dijo que confiaba en que el mandatario nicaragüense recapacitará y asistirá a la cita de Guatemala.

A raíz de que el plan de paz del presidente Oscar Arias de Costa Rica, prevé un alto al fuego mientras dure la negociación de pacificación, se le preguntó al presidente Azcona qué actitud observaría su gobierno hacia las tropas irregulares de la contra instaladas en la frontera con Nicaragua.

"El plan de paz del presidente Arias todavía no ha sido aprobado por los presidentes de Centro América, aunque estamos de acuerdo con él, pero requiere una secuencia lógica de buscar esas acciones. No quiero hacer más comentarios en relación al tema", dijo el presidente Azcona.

El jefe del gobierno hondureño dijo que se oponía a que en el país se implante la pena de muerte como una medida para tratar de combatir el alto índice de criminalidad que se ha registrado en los últimos dos meses en Honduras.

Dijo Azcona que la pena de muerte no ha sido solución en ningún país del mundo, ya que no ha bajado el índice de la delincuencia.

El gobernante se solidarizó con el presidente del Banco Central, Gonzalo Carías Pineda, quien denunció y se opone a las presiones del City Bank de los Estados Unidos, que le exige al gobierno hondureño el pago de una suma alterada.

"Como un país soberano no vamos a permitir esa clase de abuso a ninguna institución bancaria", dijo Azcona. (DRM)

TIEMPO/20 DE JUNIO DE 1987

EL PRESIDENTE AZCONA INAUGURA PLANTA DE LABORATORIOS FINLAY

***L6 millones se invirtieron en la ampliación, que está dotada de la más moderna tecnología*

SAN PEDRO SULA. - Una planta industrial altamente calificada que producirá soluciones intravenosas, de pequeño y gran volumen (sueros), perteneciente a LABORATORIOS FINLAY, inauguró ayer aquí el presidente José Azcona Hoyo.

En esta planta de inyectables, provista de la más moderna tecnología, se ha invertido un promedio de 6 millones de lempiras, según reveló el vicepresidente de LABORATORIOS FINLAY, licenciado Jorge Canahuati, quien siempre ha demostrado estar interesado en el desarrollo de la costa norte en particular, y del país en general.

Por su parte, el presidente del Consejo de Administración de dicha empresa, doctor Chibly Canahuati, luego de dar la bienvenida al mandatario y a sus acompañantes, sumamente emocionado expresó que "sin un ambiente democrático no hubiese sido posible realizar esta expansión".

Dijo que la moderna planta elaborará medicamentos de la mejor calidad al alcance del consumidor con la mejor tecnología del mercado mundial.

Indicó que esta transferencia tecnológica de alta sofisticación cooperando en el renglón de la salud, como son los medicamentos, ha sido posible mediante la colaboración del sector laboral y gubernamental de Honduras.

Finalmente, tras destacar la memoria del inolvidable empresario Jorge J. Larach, dijo que "fue nervio y motor de esta empresa" y que siempre supo trabajar con amor a Honduras.

Azcona Hoyo dijo que el esfuerzo emprendido por los propietarios de esta empresa "hace que tengamos fe en Honduras y en los industriales que vienen desde abajo. En este país no hay oligarquía. Los que han triunfado es por sus esfuerzos".

El jefe del Ejecutivo felicitó al doctor Chibly Canahuati por sus esfuerzos emprendidos en pro del crecimiento industrial de San Pedro Sula y a la vez recordó la labor desarrollada en ese mismo sentido por el desaparecido empresario Jorge J. Larach.

"Nos sentimos optimistas cuando visitamos esta zona del país donde se está haciendo Patria", dijo Azcona al tiempo que recomendó "exaltar lo bueno y lo positivo, no sólo lo malo".

"Siempre hemos sido el país más pobre de América, pero no el más pobre del mundo. Si somos optimistas y emprendedores sacaremos el país adelante. No podemos sentirnos derrotados", señaló finalmente el presidente.

Azcona Hoyo, quien llegó acompañado de los ministros de Economía, Reginaldo Panting, Salud Pública, Rubén Villeda Bermúdez; su secretario privado, William Hall Rivera, y otros funcionarios de su gabinete, realizó un recorrido por las instalaciones de la planta industrial.

A los actos también asistieron altos jefes militares.

Los actos que dieron inicio a las 10:15 de la mañana culminaron a las 12 del mediodía con un refrigerio.

Los invitados hacen un recorrido para conocer los avanzados aparatos con que cuenta la ampliación de Laboratorios Finlay.

72

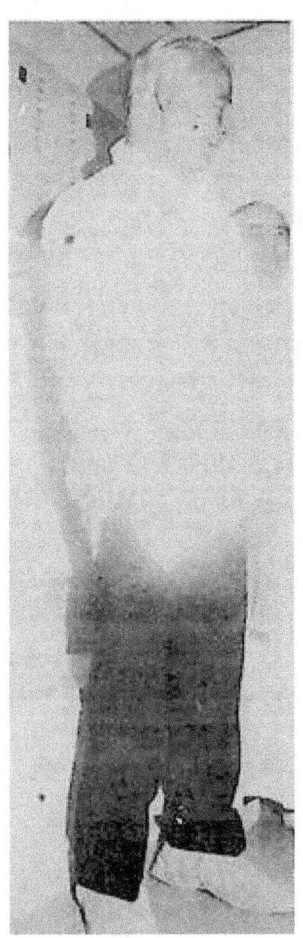

El ingeniero José Azcona viste una indumentaria especial para ingresar al laboratorio inaugurado ayer.

Aspecto de las modernas instalaciones del Laboratorio Finlay.

AZCONA SERÁ EL PADRINO EN EL CURLA

LA CEIBA. - El presidente José Azcona apadrinará la promoción de graduandos del Centro Universitario Regional del Litoral Atlántico (CURLA), de este año, de las carreras de Ingeniería Agronómica, Forestal y Economía Agrícola.

Asimismo, presidirá los actos de graduación que tendrán verificativo el 27 de este mes en el recinto bibliotecario de ese centro de estudios. A los actos han sido invitados su gabinete de gobierno, el jefe de las Fuerzas Armadas, general Humberto Regalado H., y miembros del Consejo Superior del instituto castrense.

La elección del mandatario como padrino de esta promoción fue hecha por unanimidad por los estudiantes de las carreras mencionadas. El mandatario les envió un telegrama expresando que acepta y agradece la distinción de que ha sido objeto.

LA TRIBUNA/22 DE JUNIO DE 1987

AFIRMA AZCONA HOYO:

REAGAN NO PRESIONA PARA BOICOTEAR CUMBRE

**"City Bank obró traicioneramente".
***Pena de muerte no pondrá fin a ola de criminalidad, opina.

SAN PEDRO SULA. - "Hemos dicho una y otra vez que el gobierno del presidente Reagan no nos ha presionado en ninguna forma para que nosotros no asistamos a Guatemala. Prueba de ello es que el martes de la presente semana nos reunimos con el presidente Vinicio Cerezo y se han fijado nuevas fechas para la celebración de esa cumbre en aquel país".

Lo anterior fue manifestado ayer aquí en conferencia de prensa por el presidente José Azcona Hoyo, quien llegó a tempranas horas del día para inaugurar una plana industrial altamente tecnificada que producirá soluciones intravenosas de pequeño y gran volumen, conocidos popularmente como sueros, adscrita al LABORATORIO FINLAY, de la familia Canahuati-Larach.

"Yo lo dije y lo sostuve -agregó Azcona Hoyo-, Honduras no será el impedimento para que no se alcance la paz en Centroamérica. Ya lo hemos aclarado y se nos ha querido acusar de que nosotros estamos al servicio del presidente Reagan para impedir que se celebre la cumbre".

PARTICIPACIÓN DE ORTEGA

Al preguntarle sobre la participación o no del presidente de Nicaragua, Daniel Ortega, en la cita de Guatemala el mandatario expresó que "independientemente de que él asista los presidentes de Centroamérica debemos reunirnos para analizar la situación del área y buscar la solución por la vía pacífica".

Interrogado en relación al posible fracaso de la reunión sin la asistencia de Ortega dijo que "no quiero adelantar conocimientos. Las fechas están fijadas tentativamente para el 6 y 7 de agosto y yo creo que de aquí a esa fecha el gobierno de Nicaragua recapacitará y el presidente Daniel Ortega asistirá a esa conferencia cumbre".

Un periodista preguntó al mandatario sobre una acusación del presidente del Banco Central de Honduras, Gonzalo Carías, contra el City Bank de Estados Unidos, de violentar la ética bancaria porque está cobrando el doble a este país de lo que se debe a esa institución.

Al respecto dijo el gobernante que "tiene toda la razón el presidente del Banco Central. Nosotros fuimos sorprendidos por una especie de embargo de alguna cuenta del Banco Central por parte del City Corp., o sea el City Bank de los Estados Unidos. Nosotros como país soberano no vamos a permitir esa clase de abuso de ninguna institución bancaria".

Más adelante dijo que ellos como acreedores de algunas organizaciones que han sido avaladas por el gobierno de Honduras, tienen el derecho a buscar la forma de cobrar su dinero, pero aclaró que Honduras de ninguna manera se está negando a pagarlo.

Luego advirtió que "lo que está mal hecho es pasarse por encima de una conversación avanzada para actuar en esa forma, diríamos nosotros poco cortés y digamos un poco traicioneramente".

Azcona Hoyo se refirió con preocupación a la cadena de crímenes ocurridos en el país últimamente y dijo que "la pena de muerte no ha sido solución en ninguna parte" para resolver ese problema.

"No ha bajado la delincuencia en ningún país del mundo que ha implantado la pena de muerte. Por lo tanto, yo creo y estoy de acuerdo como la mayoría del pueblo hondureño, que no es necesaria la implantación de la pena de muerte", subrayó.

PLAN DE PAZ DE C.A

El primer magistrado de la nación afirmó que el Plan de Paz del presidente de Costa Rica, Oscar Arias, "no ha sido todavía aprobado por los presidentes de Centro América. Hemos manifestado varias veces que estamos de acuerdo en su plan y en el marco que representa la negociación, y las acciones que contemple el mismo".

Finalmente dijo que se requiere entender esas acciones contempladas en el plan y también buscar una secuencia lógica de esas acciones.

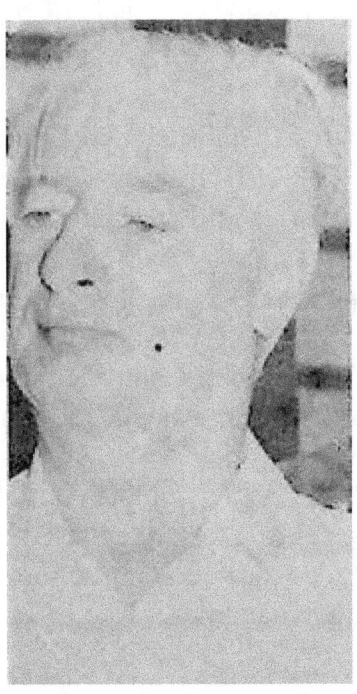

AZCONA HOYO

EEUU NO RECLAMA POR LO DE TEMIS

El mandatario reiteró por otra parte que el gobierno de Estados Unidos "no está haciendo ninguna reclamación al gobierno de Honduras por lo de Temístocles Ramírez. Este señor, como ciudadano de los Estados Unidos, ha recurrido a un apoderado para que, a través de la Cámara de Representantes de aquella nación, procure el cobro de una indemnización que él ha planteado".

Explicó que Temístocles Ramírez como ciudadano norteamericano recurre al representante de su Estado para que a través del Congreso retengan a Honduras la ayuda que le da el gobierno de aquel país para "cobrarse esa indemnización", pero no es el gobierno Reagan.

También se le consultó al gobernante sobre una posible indemnización a los caficultores hondureños, afectados en la zona fronteriza oriental de este país por los enfrentamientos constantes entre "Contras" y sandinistas, de parte del Gobierno de Estados Unidos, y respondió que "no creo que eso sea posible, pero se podría investigar ese asunto".

EL HERALDO/20 DE JUNIO DE 1987

MONSEÑOR HÉCTOR ENRIQUE SANTOS: CON HUMILDAD RECIBO ORDEN DE MORAZÁN

El presidente de la República, José Azcona Hoyo, entregó anoche la orden General, Francisco Morazán al arzobispo de Tegucigalpa, monseñor Héctor Enrique Santos, por su meritoria labor durante 25 años en el desempeño cristiano y episcopal en ese cargo asignado por la Santa Sede.

Los actos para honrar al predicador de la fraternidad en Honduras fueron celebrados en la Casa Presidencial, asistiendo además del mandatario el designado presidencial, José Pineda Gómez, el canciller, Carlos López Contreras y otros funcionarios del actual gobierno.

El gobernante hondureño resaltó que el arzobispo de Tegucigalpa, monseñor Héctor Enrique Santos, es un genuino discípulo de Su Santidad el Papa Juan Pablo II, porque lucha incansablemente por "mantener la paz y la confraternidad en Honduras y el área centroamericana".

Precisamente ayer se cumplieron los 25 años de monseñor Santos al frente del arzobispado de Tegucigalpa y dijo anoche a EL HERALDO: "recibí esta honra con sorpresa porque significa mucho ostentar la orden de ese gran caudillo y unionista como lo fue el general Francisco Morazán".

Afirmó el alto prelado que aún persisten los anhelos del héroe máximo de Honduras, como es lograr la pacificación y la integración de las cinco Repúblicas del área.

Sin embargo, monseñor Santos dijo que en Centro América "se vive con zozobra, pero con las pláticas en pro de lograr la paz espero se lleguen a puntos básicos en la próxima reunión cumbre de los presidentes del área".

El presidente de la República, José Azcona, también destacó el papel asumido por monseñor Santos al haber ocupado siete años el cargo de director del Instituto Salesiano San Miguel, de donde han egresado personalidades que desempeñaron en distintos gobiernos del país importantes cargos en la administración pública.

Instantes en que el arzobispo de Tegucigalpa, monseñor Héctor Enrique Santos, recibe de manos del presidente de la República, José Azcona, la orden del General Francisco Morazán al desempeñar con buen suceso ese cargo durante 25 años.

EL HERALDO/20 DE JUNIO DE 1987

PRESIDENTE AZCONA TRAJO VALIOSO REGALO PARA LA UNAH

El embajador de Honduras en la República Federal de Alemania Alex Mayr, entregó al presidente de este país, ingeniero José Azcona del Hoyo un instrumento musical Fagot, que le fue donado para la Universidad Nacional Autónoma de Honduras. El instrumento musical está valorado en varios miles de dólares y por eso la UNAH no lo había podido adquirir. El presidente Azcona hará entrega del mismo al rector universitario Oswaldo Ramos Soto, en ceremonia especial. (Foto Aulberto Salinas).

LA PRENSA/22 DE JUNIO DE 1987

AZCONA HOYO EN LABORATORIOS FINLAY:
"SIENTO GOZO AL INAUGURAR EMPRESAS DE PERSONAS CON FE Y CONFIANZA EN HONDURAS"

SAN PEDRO SULA. - (VRI). - Con la asistencia del presidente José Simón Azcona Hoyo fue inaugurada ayer la ampliación de los laboratorios "FINLAY", empresa de la industria de la farmacia que nace aquí en 1962 y que, hoy día, con una sustancial inyección económica es reconocida en su género como una de las más productoras en América Latina.

Independientemente de que esa iniciativa de sus inversionistas que han demostrado su confianza en Honduras y que fortalecen el músculo de la economía nacional a través de la creación de nuevas fuentes de trabajo y su consecuente desarrollo multiplicador, "FINLAY" también viene a modernizar la industria de la farmacia en nuestro país que en el pasado ha dependido de un ochenta por ciento de esas importaciones para atender la demanda médica nacional.

Pero para decenas de celebridades políticas y sociales que asistieron a los actos de inauguración "FINLAY" también no sólo se constituye en un eslabón del engranaje o soporte de la economía nacional, por cuanto sus modernos laboratorios no sólo permitirán una calidad óptima en la fabricación de medicamentos que permitirán el ahorro de divisas y paralelamente captación de dólares por su capacidad de exportación.

Al respecto, en un aparte de la ceremonia, se explicó que esas instalaciones farmacéuticas tendrán una capacidad de producción anual de tres millones de soluciones parenterales (sueros) en bolsas de cloruro de polivinilo químicamente purificadas de 250, 500 y mil centímetros cúbicos. Esa notable producción sólo en esa línea, permitirá exportaciones para todo Centroamérica.

Las condiciones modernísimas que como un orgullo nacional ofrece "FINLAY" resultó claramente demostrada cuando decenas de invitados especiales recorrieron las nítidas y bien ordenadas instalaciones de esa firma que posee un ultramoderno equipo electrónico que también viene a calificar satisfactoriamente los niveles profesionales de sus técnicos y el conocimiento de decenas de especialistas.

Luego de un recorrido con vestimenta especial para penetrar en los laboratorios, el presidente Azcona dijo sentirse gozoso de inaugurar empresas de inversionistas que tienen confianza y fe en Honduras.

Indicó que esa condición nace del entusiasmo y del amor que hacia Honduras tienen los inversionistas sampedranos, donde a su juicio sí realmente se hace patria.

Azcona Hoyo apuntó que esa voluntad de desarrollo es lo que hace cada día tener confianza y creer en el pueblo y en los inversionistas nacionales, tras agregar que en Honduras no existen oligarquías, sino que ciudadanos que han progresado gracias al esfuerzo y dedicación al trabajo y al desarrollo.

"Los que han progresado jamás deben ser envidiados por su triunfo, deber ser imitados para que todos los hondureños seamos más prósperos, más grandes y para que seamos más provechosos", puntualizó el mandatario nacional.

Luego dijo que quienes podrían estar abajo y luego ascender a niveles superiores, no han sido sino con el esfuerzo y el dolor de quienes han conquistado la cima más alta de la sociedad, al tiempo que felicitó efusivamente al presidente del Consejo de Administración de "FINLAY", doctor Shibli Canahuati, "y aquel gran hombre, aquel gran sampedrano Jorge Larach, que puso todo su empeño y todo su amor por esta Honduras que hoy estamos disfrutando".

UNA RELACIÓN LIBRE

El doctor Canahuati, por su parte, al agradecer la presencia de tan excelsas personalidades, al identificar a los diversos sectores allí presentes, dijo que estaban reunidas allí las "fuerzas vivas positivas y democráticas que son, sin duda alguna, las mejores alternativas para el desarrollo de nuestro país".

"Fuerzas vivas del gobierno de Honduras -dijo refiriéndose a Azcona Hoyo y a sus cercanos colaboradores que le acompañaron- ya que sin una política de apoyo adecuada y definida y sin un ambiente democrático, libre de turbulencias sociales dañinas, no hubiese sido posible realizar esta expansión".

El industrial luego se refirió a sus trabajadores como fuerza viva laboral, representada allí por el presidente del sindicato de FINLAY a quienes reconoció como una mancomunidad de trabajo "en quienes siempre hemos encontrado una disposición excelente de colaboración en un marco democrático".

"Con esto nos referimos a una relación libre", explicó el inversionista, "honesta y franca sin subordinaciones de ninguna clase, ni de parte de la empresa ni de parte de los trabajadores, como sucede en otros países que no tienen ni empresa privada ni fuerza laboral libre y democrática".

Luego se refirió a sus homólogos productores y a sus funciones en la responsabilidad del desarrollo socioeconómico del país, tras asegurar que "FINLAY", sin regatear esfuerzos, realizó una inversión sustancial en la obtención de la mejor tecnología existente en el mercado mundial.

El doctor Canahuati apuntó que esa decisión ubica a esa firma como líder en Centro América en cuanto a control de calidad y como una de las firmas técnicamente equipadas y organizadas, tras reconocer esa trasferencia tecnológica de la firma "Chemie Linz".

"Con este esfuerzo, FINLAY está demostrando de manera fehaciente y no sólo con palabras que creemos en Honduras, que estamos contribuyendo a ampliar la oferta de puestos de trabajo, que estamos cobrando objetivamente al autoabastecimiento en un renglón tan importante de salud, como son los medicamentos.

Para concluir, don Shibli Canahuati, dijo: "No podríamos terminar estas palabras sin manifestar que éste es un homenaje póstumo, no al gran ausente, sino al gran presente: Don Jorge J. Larach, quien en su vida física fue nervio y motor de esta empresa y que en ella también volcó su fe y amor a Honduras".

El mandatario nacional y otras personalidades son recibidas por uno de sus anfitriones, el licenciado Jorge Canahuati Larach, uno de los inversionistas en FINLAY. (*Foto Max Lemus*).

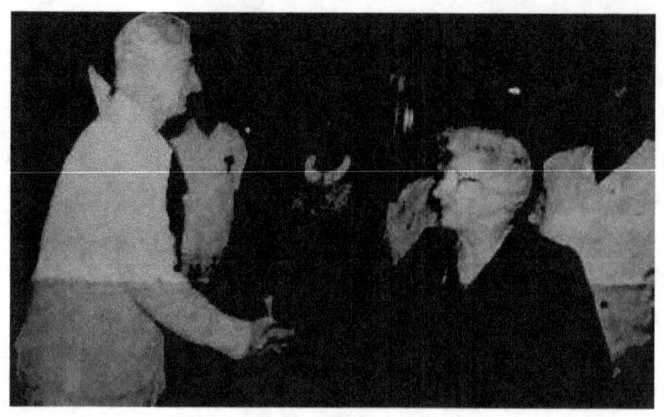

Doña Juana de Larach, es saludada por el presidente, luego de su arribo a la inauguración de la expansión de los laboratorios de FINLAY. (*Foto Max Lemus*).

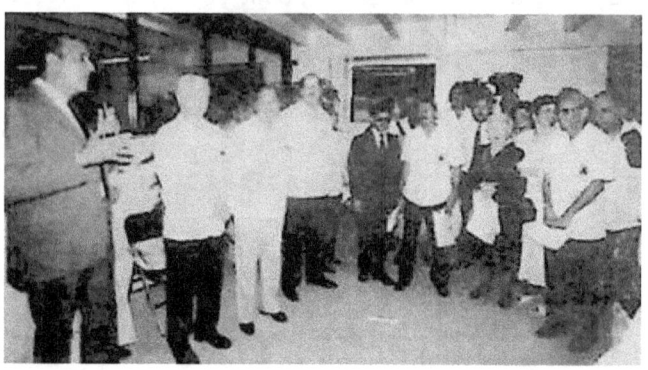

El alcalde sampedrano por ley, Roberto Valenzuela, y otras distinguidas personalidades escuchan la intervención del doctor Canahuati.

El presidente Azcona Hoyo y su cuerpo de seguridad personal, cuando en helicóptero llegó a la 105 Brigada de Infantería, en compañía de varios de sus más cercanos colaboradores, de donde se trasladó a las instalaciones de FINLAY. (*Foto Max Lemus*).

El licenciado Jorge Canahuati Larach, el doctor Shibli Canahuati, el doctor Gonzalo Rodríguez Soto, director general del IHSS, dialogan con el ingeniero Azcona Hoyo. (*Foto Max Lemus*).

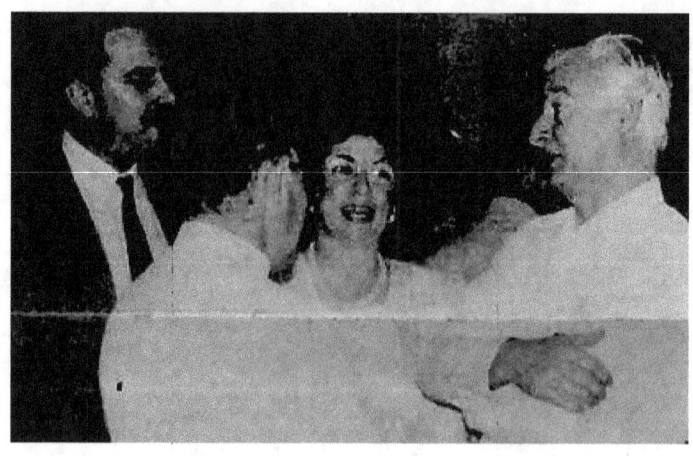

Doña Marta de Canahuati y su hijo Miguel S. Canahuati Larach dialogan con el mandatario, en un aparte del evento.

La Prensa/20 de junio de 1987

SUMAN LPS. 8 MILLONES: AZCONA REMITE AL CONGRESO AYUDA A MUNICIPALIDADES

TEGUCIGALPA. - El presidente José Azcona Hoyo remitió a la junta directiva del Congreso Nacional la constancia en la cual determina los recursos que serán entregados a las corporaciones municipales de la república y en total asciende a 7 millones 999 mil 790 lempiras con 9 centavos.

La bancada nacionalista en la cámara legislativa promovió la iniciativa para que ahora los diputados repartan los subsidios en los departamentos a través de los respectivos alcaldes.

Los recursos serán entregados en dos partes; la primera en el transcurso del presente mes y la segunda en noviembre hasta totalizar casi los 8 millones que servirán para la construcción de diversas obras. Los subsidios no son iguales que cada municipio porque la entrega se basa en la cantidad de habitantes que cada uno tenga comprendiéndose que de acuerdo a la cifra se reflejan las necesidades.

El distrito central aparece como la municipalidad mejor favorecida ya que se recibirá la cantidad de un millón 217 mil 53 lempiras con 40 centavos, mediante las entregas señaladas.

Mientras tanto para la comuna de San Pedro Sula se ha determinado un subsidio de 795 mil 997 lempiras con 42 centavos, convirtiéndose en la segunda mejor beneficiada en cuanto al monto de los recursos.

El tercer lugar aparece Choluteca que recibirá 172 mil 158 lempiras que podrán ser ocupados para la materialización de varios proyectos en una de las zonas más afectadas por cuestiones climatológicas.

Luego aparece Juticalpa, de Olancho, al fijarse un subsidio de 123 mil 515 lempiras con 24 centavos mientras que Comayagua recibirá 102 mil 980 lempiras con 82 centavos. En su orden aparece Puerto Lempira, de Gracias a Dios, que dispondrá de 61 mil 454 lempiras con 96 centavos y después Santa Bárbara con 50 mil 778 lempiras con 60 centavos mientras que a Valle le asignaron 71 mil 131 lempiras con 61 centavos.

Vale aclarar que sólo mencionamos a los municipios que recibirán mayores cifras porque todas las corporaciones serán beneficiadas con determinadas sumas a partir de la fecha indicada.

Finalmente se determina recursos que van desde los 5 mil a los 40 mil lempiras por lo que muchas municipalidades que viven en permanente crisis económica podrán hacer frente a las necesidades prioritarias.

LA PRENSA/23 DE JUNIO DE 1987

PLANOS DEL ESTADIO DE LA UNAH ENTREGARÁ RAMOS SOTO A AZCONA

SAN PEDRO SULA. - A las 4:00 p.m. de este día el presidente de la república Ing. José Simón Azcona, recibirá los planos del que será el estadio Olímpico de la Universidad Nacional Autónoma de Honduras (UNAH) y que servirá para los IV juegos Deportivos Centroamericanos.

El señor presidente se reunirá en la Casa de Gobierno con el rector de la Universidad Nacional abogado Oswaldo Ramos Soto, quien será acompañado por el decano de la escuela de Arquitectura José Roberto Molina para hacer la formal entrega de los planos. La instalación será construida en los predios de la Universidad Nacional, según confirmó el periodista Marco Tulio Romero, miembro de la Secretaría de Prensa.

Este estadio vendrá a llenar un gran vacío, dado que la UNAH actualmente carece de verdaderas instalaciones deportivas para que los estudiantes practiquen sus deportes preferidos. Ojalá en el futuro las autoridades de la UNAH se preocupen, no por hacer política desde sus puestos, sino por darle a los estudiantes verdaderas instalaciones donde recrearse.

LA PRENSA/23 DE JUNIO DE 1987

SE FIRMA ANUNCIADO CONVENIO CON AID

TEGUCIGALPA. - (Por Faustino Ordóñez Baca). - **Los gobiernos de Estados Unidos y Honduras suscribieron ayer un convenio de donación por 130 mil millones de lempiras, que serán destinados para promover el programa de estabilización económica elaborado por los rectores de la política económica del país.**

La suscripción del convenio tuvo lugar en el Salón Rosado de Casa Presidencial a las 3:30 de la tarde, con la participación del presidente de la República, José Azcona Hoyo, el embajador norteamericano Everett Briggs y el director de la Agencia Internacional para el Desarrollo (AID) John Sambrailo.

Los documentos también fueron firmados por el vicepresidente del Banco Central de Honduras, Manuel Antonio Fontecha en representación del titular de ese órgano Gonzalo Carías y por el Ministerio de Hacienda lo hicieron Efraín Bu Girón y Lizeth Rivera de Paz, ministro y viceministro, respectivamente.

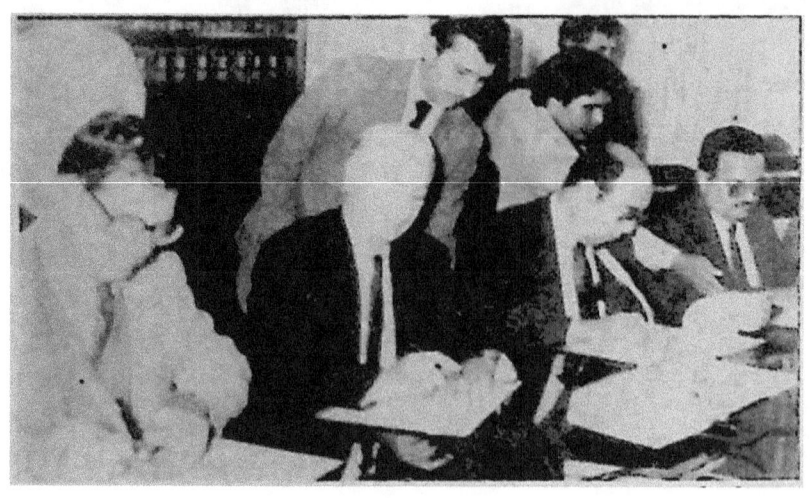

La donación millonaria del gobierno norteamericano tiene como propósito, fundamentalmente, promover el crecimiento económico de la nación hondureña la que a través del programa económico elaborado por las autoridades del Banco Central y de Hacienda, pretende impulsar proyectos de desarrollo infraestructural de Salud y Educación.

Además "se proporcionarán sustanciales divisas las que permitirán el financiamiento de equipos y materias primas necesarias para elevar los niveles de producción y los índices de empleo, beneficiándose igualmente el programa de exportación al tiempo que propicia la inversión privada y estimula a pequeña y mediana empresa.

Una vez firmado el convenio, el Presidente de la República tras agradecer al gobierno norteamericano y refiriéndose al programa económico dijo que éste no representa ningún sacrificio al pueblo hondureño porque no incluye tributos ni se revela la posibilidad de una devaluación de la moneda, pero sí precisa aspectos de austeridad que conducirán a una reducción del gasto público.

"Es importante destacar que ese programa ha sido bien acogido por la AID y el FMI y así creo que lo será para el FMI y el Banco Mundial", destacó el Presidente.

Por su lado, el ministro de Hacienda y Crédito Público, Efraín Bu Girón, expresó que con la donación estadounidense "se mejoran el nivel de ingresos de los hondureños y por ende mejorará la economía del país.

"El gobierno de Estados Unidos desea mostrar su propósito de coadyuvar a los esfuerzos del gobierno de Honduras en promover el desarrollo y bienestar de su pueblo", dijo entretanto, el embajador norteamericano Everett Briggs con su brazo derecho descompuesto sujetado del cuello con un pañuelo.

"De esta forma, añadió, fortalecemos la democracia porque es el principal objetivo de la administración Reagan y nuestro destino está íntimamente ligado a este propósito".

El director de AID en Honduras, John Sambrailo, reafirmó que este tipo de convenios de donación son una muestra del apoyo que en materia económica brinda el gobierno de Estados Unidos al de Honduras y reitera la confianza de su país que tiene al nuestro en el destino que se les dan a estos fondos.

LA PRENSA/20 DE JUNIO DE 1987

INDIFERENTE AZCONA
DESEMPLEADOS SE TOMARÁN MINISTERIO

Los directivos de la Asociación Nacional de Obreros de Honduras acusaron ayer al presidente José Azcona de mostrarse indiferente ante la oportunidad de empleo que miles de hondureños tendrían en los Estados Unidos bajo la nueva Ley de Inmigración de ese país.

Los lideres de los desempleados fracasaron en sus intentos de entrevistarse con el mandatario para exponerle personalmente un nuevo plan que les permitiría trabajar temporalmente en el sector agrícola de Estados Unidos.

El gobernante, a través de su secretario privado, William Hall Rivera, les mandó a decir que sus planes se los expusieran al ministro de Trabajo, Adalberto Discua Rodríguez, porque es al funcionario que le compete resolver los problemas del desempleo.

Al abandonar la Casa de Gobierno, el presidente de la citada asociación, Santiago Alvarado Calona, visiblemente molesto, afirmó que "en este país no hay orden, ni se sabe quién manda".

Explicó que Discua se niega a recibirlos y que por esa razón ellos decidieron acudir al Presidente de la República, "pero nos sorprende que ahora nos envíen de la Casa de Gobierno al Ministerio de Trabajo y de allá nos remiten acá".

"No sabemos a dónde vamos a ir a parar, porque el gobierno no quiere entender las dimensiones del problema del desempleo y se muestra indiferente para ayudarnos a aprovechar la oportunidad que existe actualmente de viajar a los Estados Unidos a trabajar temporalmente", indicó.

Alvarado Calona anunció que en las próximas horas unos 5,000 desempleados se tomarán las instalaciones del Ministerio de Trabajo como medida de presión para que el titular de esa Secretaría los reciba.

Los desempleados realizaron al medio día una manifestación frente a la Casa de Gobierno y recibieron la promesa de que el mandatario les otorgaría una audiencia en horas de la tarde, pero posteriormente la misma fue negada.

Los desempleados tuvieron "fuerza" para manifestarse aye frente a la Casa de Gobierno, aunque el presidente José Azcona se negó a recibirlos. (Foto de Aquiles Andino).

LA TRIBUNA/23 DE JUNIO DE 1987

TÍA FLORENTINA y la DESTITUCIÓN

Por J. RIERA

...donde se verá que Pepín también puede y da alguna vez el "pencazo" ...

Hace algunos años, no muchos, un amigo nuestro fue favorecido por el gobierno de turno, para realizar estudios de post-grado en París, Francia.

Allá permaneció por espacio de cuatro años, sus calificaciones eran excelentes, sus maestros por lo consiguiente. Después de ese tiempo la Universidad de la Sorbona le confirió el doctorado, apenas finalizados los estudios, tomó pasaje y regresó a Tegucigalpa. Venía ansioso de poner en práctica sus conocimientos, se presentó al lugar de su destino, allí su jefe superior lo sorprendió con la noticia, de que el gobierno había decidido sustituirlo, se había quedado sin trabajo.

-Pero, señor, dijo. Si yo tengo un contrato por el cual estoy obligado a ofrecer mis servicios y trabajar para el gobierno hasta que termine de pagar la deuda. Incluso antes de viajar al exterior firmé un contrato. ¿Qué quiere que haga?, Si no tengo trabajo no podré cumplir con el compromiso. Deme usted entonces una constancia por la cual esta dependencia rescinde el contrato...

Entonces el jefe llamó a su secretaria ordenándole:

-Vea, señorita dónde está el contrato firmado por este señor y me lo trae inmediatamente...

La secretaria cumple con lo mandado... Aquí está, señor.

El señor director lo toma en sus manos y dirigiéndose al peticionario le dice:

-Usted no tiene por qué preocuparse, mire lo que hago con su contrato, y allí mismo, en sus propias barbas lo hizo cuatro "tucos" y lo arrojó al cesto.

Nuestro amigo, en el cual el Estado de Honduras había invertido una crecida suma de dinero, se quedó de una pieza. Pero, a la vez, se sintió contento. Ya no tenía deudas con el gobierno de turno.

Sus conocimientos. adquiridos en una universidad europea los ofreció en seguida y fueron aceptados de inmediato por la empresa privada.

Los hondureños, los muchos que pagamos los impuestos, habíamos perdido nuestros lempiras y nuestra inversión.

Y como éste son muchos en Honduras los casos en que hondureños con aspiraciones han viajado al extranjero para recibir nuevas enseñanzas gozando de becas ofrecidas por el Estado o por gobiernos del exterior y al regresar se encuentran con que han sido sustituidos y perdido sus cargos.

El caso del licenciado Ángel Eduardo Ramos, aunque aparentemente no tiene ninguna relación con el de nuestro amigo que estuvo cuatro años haciendo estudios de post-grado en Francia, podría parecérsele.

El presidente de la CONADI, supuestamente con el permiso y la anuencia del ministro, viajó desde Tegucigalpa, a la elegante ciudad de Buenos Aires, Argentina, con el propósito de renegociar una deuda con la Corporación Nacional de Inversiones.

En la ciudad rioplatense permaneció por más de una semana. Finalizando su trabajo, se dispuso a retornar al país. Ya en la floridiana ciudad de Miami, en los Estados Unidos, telefoneó a su secretaria:

-Buenas... Estoy aquí en Miami y mañana, Dios mediante, pienso regresar a Tegucigalpa. ¿Qué hay de nuevo por allí?

-Buenos días, jefe. De nuevo sólo que usted tendrá que buscarse otro trabajo, pues ya el Presidente de la República ordenó su sustitución, nombrando en su lugar al señor Craniotis...

¡Híjole- seguro pensó don Ángel Eduardo... ¿Y ahora a quién le informo de mis gestiones para recuperar esta inversión de CONADI?

¡Pues como diría un mexicano en México, ... pos quién sabe!

Al presidente de la CONADI le dieron lo que en el boxeo se conoce como golpe bajo... No le dieron ni tiempo ni ocasión de explicarse.

Pepín, haciendo lo que nuestro vecino de Las Tapias, don Oswaldo, le dio el "pencazo", sin el madrugón...

LA TRIBUNA/22 DE JUNIO DE 1987

SERÁ EL 29 DE JULIO

NUEVA ORLEANS: DOS PRESIDENTES CONFIRMAN ASISTENCIA A REUNIÓN

NEW ORLEANS, EE. UU. - (Por Roy Arthur's). - A un costo aproximado de 250 mil dólares la alcaldía de esta ciudad y la Universidad de Tulane patrocinan la reunión de presidentes de las naciones centroamericanas a inaugurarse el 29 de julio.

Liliam Machado, directora ejecutiva de la comisión integrada para organizar el evento, declaró a LA PRENSA que el proyecto marcha de acuerdo a la planificación por lo que todo está listo para el desarrollo de la cita.

Informó que para las exposiciones que harán los gobernantes se ha escogido al Centro McAlister de la Universidad de Tulane, lugar en que se han presentado varios presidentes norteamericanos y extranjeros.

El centro con capacidad para alojar a más de 2 mil personas está ubicado en el Campus de la Universidad Privada donde estudian 10 mil alumnos de los cuales mil proceden de naciones amigas.

Por otra parte, la ejecutiva destacó que en materia de seguridad del Servicio Secreto de los Estados Unidos y la policía local realizan los preparativos del caso para proteger a los visitantes.

Debido al objetivo de la conferencia denominada Centroamérica, un Nuevo Camino, influyentes hombres de negocios estadounidenses como también del Caribe, Europa y Centroamérica han confirmado su participación.

"Será una excelente oportunidad para que se enteren de las facilidades que tenemos para comercializar a través del puesto", señaló Machado, quien se desempeña como asistente del alcalde Sidney Barthelemy.

Se calcula que globalmente 500 personas estarán presentes en la reunión de la cual es copatrocinadora el World Trade Center, organización a la que pertenecen los principales hombres de negocios de una de las ciudades más históricas de Norteamérica.

En relación a los presidentes que han confirmado su participación se encuentran Vinicio Cerezo de Guatemala, Oscar Arias de Costa Rica y extraoficialmente José Napoleón Duarte de El Salvador y José Azcona Hoyo de Honduras.

Asimismo, han ratificado su presencia funcionarios en materia económica de la región y los alcaldes de las capitales.

Durante nuestra estadía en New Orleans notamos que las fuerzas vivas de la ciudad consideran la cita de presidentes como el evento más importante que tendrá la misma durante 1987.

Sidney Barthelemy

LA PRENSA/22 DE JUNIO DE 1987

ALCALDE Y AZCONA SE ENTREVISTARÁN

NEW ORLEANS, USA. - El alcalde de la ciudad Sidney Barthelemy llegará esta semana a Tegucigalpa para entrevistarse con el presidente José Azcona Hoyo, quien ha sido invitado a la reunión a desarrollarse el próximo mes aquí.

El titular del City Hall recibió en su despacho a un grupo de periodistas centroamericanos que viajamos con el objetivo de conocer aspectos relacionados a la cumbre de gobernantes.

"Tradicionalmente hemos mantenido estrechas relaciones con los países centroamericanos y ahora estamos decididos a reactivarles", señaló el alcalde quien se hizo acompañar de sus principales colaboradores.

Sostuvo que el puerto ofrece considerables ventajas a los comerciantes de América Central por lo que a estas alturas es importables fortalecer los contactos para beneficio conjunto.

El jefe de la comuna de 700 habitantes sólo en el área metropolitana de los cuales más de 60 mil son hondureños, dijo que durante la reunión de mandatarios se discutirán temas sobre las paz e intercambio comercial.

Destacó que en el desarrollo de la ciudad han tenido participación directa ciudades originarias de las naciones centroamericanas por lo cual es importante estrechar lazos de amistad y cooperación. Barthelemy, quien hace poco más de un año inició su período de cuatro, aunque ya se prepara para buscar la reelección, visitará además las distintas capitales de las naciones cuyos gobernantes han sido invitados a la reunión.

LA PRENSA/22 DE JUNIO DE 1987

AUSTERIDAD NO IMPUESTOS NI DEVALUACIÓN: PRESIDENTE

TEGUCIGALPA. - El presidente José Azcona Hoyo expresó ayer que los 65 millones de dólares que el gobierno de los Estados Unidos otorgará a Honduras, no resolverán los problemas de Honduras, pero contribuirán a paliar en parte las necesidades de este país.

El mandatario agradeció la donación hecha por el gobierno de los Estados Unidos y elogió lo que el director de la Agencia para el Desarrollo Internacional (AID), John Sambrailo, hizo al programa económico del gobierno hondureño.

Azcona manifestó que el programa económico, preparado por los técnicos del gobierno, "está bien elaborado, tiene metas que vamos a lograr, no se han dejado lagunas en el mismo y servirá de guía para este año y parte del próximo año".

Destacó que dicho programa fue elaborado con "enorme esfuerzo" por los técnicos del Banco Central, de los ministerios de Hacienda y Economía, y el ministro asesor, Carlos Falck, y ha sido "bien acogido por la AID, y esperamos que lo va a ser también por el Fondo Monetario Internacional y el Banco Mundial, que en la próxima semana recibirán a nuestros representantes".

Señaló que el programa económico no representa ningún nuevo sacrificio para el pueblo hondureño, porque no contempla ninguna nueva carga impositiva ni la devaluación del lempira, pero sí establece una "verdadera austeridad en el gasto público, porque creemos que, si no se frena el gasto de una nación, no puede haber buena administración".

"En Honduras eso es lo que ha pasado a través de los años, se ha estado gastando más de lo que se recibe, y eso ha llevado a situaciones delicadas en cuanto al déficit fiscal y baja de reservas, pero nosotros estamos empeñados en este año y los otros dos años que nos queda de gobierno, de hacer los sacrificios necesarios para mejorar nuestra economía", apuntó.

El presidente Azcona agregó que su gobierno mejorará la economía del país "no a base de creación de nuevos impuestos, sino en la perfección de los impuestos con las leyes que tenemos y las que estamos promulgando, y también con la reducción del gasto corriente en la medida que sea posible en todas aquellas acciones que no conlleven el beneficio de nuestro pueblo". (TDG)

TIEMPO/20 DE JUNIO DE 1987

ENTUSIASMO POR LA PRÓXIMA CENA DE GALA PRESIDENCIAL

La ciudadanía capitalina se ha mostrado muy satisfecha con la noticia de la próxima Cena de Gala Presidencia, que la Cruz Roja Hondureña llevará a cabo el 17 de julio entrante en el Centro Social Metro.

Los anfitriones de este evento social serán los esposos ingeniero José Azcona Hoyo, Presidente de Honduras, y su culta esposa doña Miriam, los que con su asistencia el año pasado al similar evento hicieron renacer en Tegucigalpa, los eventos elegantes y relevantes de la sociedad. La Cruz Roja Hondureña, organizadora de esta cena, ha prometido muchos atractivos más los que estaremos dando a conocer en próximas ediciones.

Los esposos Azcona, el año pasado brindando por el éxito del evento en Metro.

EL HERALDO/20 DE JUNIO DE 1987

POLÍTICOS INTERESADOS

Este es uno de mis pensamientos en mi segundo libro "Alas Doradas". Lo siento así porque generalmente así es. Son pocos los políticos idealistas, que de verdad quieren el progreso, la justicia, el desarrollo. La historia nos ha enseñado que en siglos pasados los políticos y militares luchaban por causas justas, por ideales.

Así sucedió con la Revolución Francesa, la Independencia de Estados Unidos, México, Centro América y Sur América. Aquellos hombres eran hombres justos con verdaderos ideales. Muchos murieron, fueron sacrificados por su causa. Un ejemplo lo fue el Paladín de la Unión Centro Americana Francisco Morazán. En esa época no habían en los sabios intereses propios. Había quizás, más sabios que intereses.

Ahora hay más intereses que sabios.

Sería magnífico que el sueño de que los políticos cumplieran lo que prometen en sus campañas se tornara realidad. Cristo es el único hombre sin tacha. Si los políticos actuaran cristianamente otra cosa sería el globo terrestre.

Lo que yo admiré jovencita, cuando estudié en California, EE. UU. fue que los políticos norteamericanos son casi todos hombres ricos de nacimiento, sus familias han sido ricas por generaciones. Por ejemplo, el presidente John F. Kennedy era de familia adinerada y él fue uno de los presidentes americanos más idealistas. Por esto fue asesinado, lo mismo su hermano Robert. Eran hombres inteligentes, con mucho carisma, eran líderes. Aquí en Honduras, hay carencia de líderes. Los últimos líderes fueron el Dr. Ramón Villeda Morales y el Dr. Modesto Rodas Alvarado. Desde entonces no ha habido líderes del calibre de ellos o sencillamente no hay.

Volviendo a que en Estados Unidos los políticos son ricos de nacimientos, los políticos aquí no son ricos de nacimiento, salen ricos después. No hablo únicamente de los que están en el foro político, sino de los que tienen cualquier puesto donde con corrupción pueden hacer fortuna.

Dichosamente, creo que el presidente actual, el Ing. José Azcona Hoyo es un hombre honesto. No lo conozco personalmente, pero todo mundo opina así y tiene la fisonomía de un hombre de principios, un hombre moderado, de un hombre prudente. No será perfecto, porque no puede ser perfecto, lo perfecto es inhumano, sólo Jesucristo porque era el Hijo de Dios fue perfecto.

Maritza Berlíos
Junio 19 de 1987

LA TRIBUNA/20 DE JUNIO DE 1987

JOSÉ AZCONA HOYO: MONSEÑOR HÉCTOR ENRIQUE SANTOS UN VERDADERO PASTOR Y APÓSTOL

TEGUCIGALPA. - El presidente José Azcona Hoyo condecoró a monseñor Héctor Enrique Santos con la Orden de Francisco Morazán en el Grado de Gran Cruz Placa de Plata, con motivo de haber cumplido el viernes anterior 25 años como arzobispo de Tegucigalpa.

Los actos de condecoración se llevaron a cabo en la Casa Presidencial el viernes en la noche, con la asistencia de los miembros del Gabinete de Gobierno y de la Corte Suprema de Justicia, y representantes de la Curia y de las Fuerzas Armadas.

A continuación, reproduciremos las palabras que pronunció el presidente Azcona al destacar la personalidad de monseñor Santos:

Dentro de cinco años estaremos celebrando el quinto centenario del descubrimiento de América, con el cual y con una acción positiva se produjo la evangelización de los nuevos pueblos, evangelización factible y gracias especialmente a que los pueblos aborígenes acogieron el cristianismo como religión de caridad y amor.

La historia de nuestro país a partir del descubrimiento está basada en el impulso enérgico de los principios cristianos, enseñados por humildes frailes que van desde San Bartolomé de las Casas, hasta el padre Subirana, el gran misionero del siglo pasado.

Reconociendo estos hechos y en estos momentos cuando el mundo se debate en una de las mayores crisis, cuando las luchas por la hegemonía mundial han alcanzado hasta los pueblos pequeños, otrora olvidados como el nuestro, debemos buscar una luz orientadora que nos guíe hacia la paz.

Siempre hemos abrigado la fe en los principios cristianos que desde nuestra niñez y al igual que la mayoría del pueblo hondureño, recibimos de nuestros sacerdotes y maestros católicos.

Reconociendo los méritos de un verdadero pastor y apóstol, el gobierno de la República ha querido rendir un justo homenaje a un humilde sacerdote nacido en la entraña misma del pueblo, y quien ha consagrado toda su vida al servicio de Dios en el amor al prójimo.

Monseñor Héctor Enrique Santos, conocemos vuestra trayectoria, nacido en la fronteriza ciudad de antigua Ocotepeque por el año 1917, hijo del cristiano hogar formado por Manuel Santos Aguilar y Sovalvina Hernández. Pronto sentisteis el llamado de Dios y entrasteis a la comunidad salesiana de Yacualo, El Salvador.

Después de intensos estudios, el primero de noviembre de 1947 recibisteis la sagrada orden sacerdotal con el lema de Don Bosco: "Buscar las almas y servir sólo a Dios". Durante muchos años ejercisteis la docencia con el cargo de director del Instituto Salesiano San Miguel de Tegucigalpa, que tantos hombres útiles ha formado para la patria.

En noviembre de 1958, su Santidad Pío XII os nombró obispo de Santa Rosa de Copán, y el 19 de mayo de 1962, su santidad Juan XXIII os nombró arzobispo de Tegucigalpa, primado de la iglesia hondureña, cargo en el cual tomasteis posesión hace hoy precisamente 25 años.

Durante esos 25 años como arzobispo de Tegucigalpa, han surgido profundas transformaciones en la iglesia, primero los vientos y renovadores del Concilio Vaticano II, más adelante bajo el pontificado de Juan XXIII, continuado por Paulo VI, Juan Pablo I y en la actualidad con el impulso de los líderes pastorales de Juan Pablo II.

Si la Iglesia Católica experimentó notables transformaciones a nivel mundial, la iglesia católica de Latinoamérica tuvo primero Medellín y después a Puebla. Todos estos movimientos de la iglesia han llegado a nuestro país durante vuestros 25 años de labor apostólica, que han dado numerosos frutos, pues a pesar de las dificultades de la Iglesia Católica nacional por la falta de recursos y mayores vocaciones, se ha logrado el fortalecimiento de numerosos grupos de base, como el Movimiento Familiar Cristiano, cursillos de cristiandad, celebrantes de la palabra y movimientos neocatecumenales, que han logrado consolidar la fe y darle al pueblo hondureño un sentido de esperanza hacia el futuro.

También durante estos años, tuvisteis la dicha en marzo de 1983 de recibir la primera visita a tierras hondureñas de un sucesor de San Pedro, su Santidad Juan Pablo II. Qué decir de vuestra obra, que habéis sido un auténtico pastor que se ha preocupado por las necesidades del rebaño que el Señor le ha confiado, que, con modestia, con humildad, fruto del amor a Dios y al prójimo, habéis estado con el pueblo hondureño en los momentos difíciles.

Siempre la Iglesia Católica, por vuestro intermedio, ha dicho presente en las numerosas crisis en que nos ha tocado mediar. Vuestro magisterio, apegado a las sabias enseñanzas de la doctrina social de la iglesia, siempre os ha llevado a la denuncia de la injusticia, al destierro del odio, el fortalecimiento de la familia y de la paz y de los hogares hondureños.

Os habéis hecho eco de las enseñanzas de Juan Pablo II, participando en no pocas jornadas por la paz a nivel nacional e internacional, habéis dado unidad, fortaleza y vida a la grey católica hondureña y al proponer con fe y entusiasmo a celebrar el Año Mariano que acaba de iniciarse. Quiero deciros finalmente que el pueblo de Honduras reconoce vuestra labor y vuestra guía como pastor para continuar la obra evangelizadora iniciada hace cinco siglos.

Recibid como reconocimiento a vuestra meritísima labor apostólica la Orden de Morazán en el Grado de Gran Cruz Placa de Plata, que por mi medio se honra en otorgados el pueblo y gobierno de Honduras, deseando que para vuestro propio beneficio Dios todo poderoso os depare una vida larga y de continuada luminosidad.

Momentos en que el presidente José Azcona Hoyo imponía a monseñor Héctor Enrique Santos la condecoración de la Orden de Francisco Morazán en el Grado de Gran Cruz de Plata, en reconocimiento a sus 25 años como arzobispo de Tegucigalpa.

TIEMPO/22 DE JUNIO DE 1987

DICE EL ARZOBISPO DE TEGUCIGALPA:
IGLESIA Y COMUNIDAD POLÍTICA DEBEN UNIRSE AL SERVICIO SOCIAL DEL HOMBRE

TEGUCIGALPA. - El arzobispo de Tegucigalpa, monseñor Héctor Enrique Santos, expreso que quedó sorprendido de tanta bondad del presidente José Azcona Hoyo al haberle otorgado la condecoración de la Orden de Francisco Morazán en el Grado de Gran Cruz Placa de Plata, "porque yo sé que carezco de méritos y, además, tengo plena conciencia de mis múltiples deficiencias a lo largo de mi vocación de hondureño y de pastor".

A continuación, se reproducen íntegramente las palabras que pronunció monseñor Santos después de haber recibido la condecoración y saludar al público asistente:

Agradezco muy sinceramente y en lo más íntimo de mi ser, la honrosa e inmerecida distinción que hoy me hace el excelentísimo señor presidente, ingeniero don José Azcona y su ilustrado gobierno, por otorgarme la condecoración de la Orden de Francisco Morazán, en el Grado de Gran Cruz de Plata.

Realmente quedo sorprendido de tanta bondad, porque yo sé que carezco de méritos y además, tengo plena conciencia de mis múltiples deficiencias a lo largo de mi vocación de hondureño y de pastor.

Realizaba yo una visita pastoral por algunos pueblos del departamento de Copán cuando recibí algunos mensajes telegráficos solicitando mi presencia en la Nunciatura Apostólica de Tegucigalpa. El 5 de mayo de 1962, pude cumplir con ese llamado y s eme comunicó que el santo padre Juan XXIII deseaba que este servidor pasase a la sede metropolitana de Tegucigalpa.

Para un salesiano un simple deseo del santo padre es una orden. El 18 de mayo de ese mismo año se publicaba la noticia en Roma, y el 19 de julio siguiente a las 10 de la mañana tomaba posesión de la santa Iglesia Catedral.

Ese mismo año, el 11 de octubre, tomaba parte de la inauguración del Concilio Vaticano II, y considero como una especialísima bendición de Dios el haber participado en sus cuatro sesiones hasta el 8 de diciembre de 1965, por la riqueza de ese pentecostés histórico de este siglo. Quedaba después la gran preocupación de dar a conocer el Concilio, de vivirlo, labor en la cual me han ayudado admirablemente los sacerdotes y religiosas durante estos 25 años, a tal grado que la Iglesia Católica de Honduras ha podido presentar ante América Latina una imagen positiva y vivencia cristiana.

La misión del obispo es triple y de mucha responsabilidad: enseñar, regir y santificar; como se sabe por el Concilio Vaticano II, en el deber de enseñar está obligado a anunciar a los hombres el evangelio en Cristo (...), es aquí donde se exige al obispo la mayor prudencia y discreción para una acción coordinada, porque la iglesia por razón de su misión y competencia no se confunde en modo alguno con la comunidad política ni está ligada a sistema político alguno, es a la vez signo y salvaguarda del carácter trascendente de la persona humana.

La comunidad política y la Iglesia son independientes y autónomas cada una en su propio terreno, ambas, sin embargo, aunque por diverso título, están al servicio de la vocación personal y social del hombre. Este servicio lo realizarán con tanta mayor eficacia para bien de todos, cuando mejor cultiven ambas entre si una suma cooperación habida cuenta de las circunstancias, de lugar y tiempo.

El hombre no se limita al solo horizonte temporal, sino que como sujeto de la historia humana, mantiene íntegramente su vocación eterna (...), por otra parte, nuestro Señor Jesucristo en la última cena oró al Padre Celestial por la unión, y este deseo vehemente del Salvador sobre la unidad es el que debiéramos tener muy en cuenta los hondureños, es este también mi anhelo, porque frecuentemente la unidad del pueblo hondureño se pone en crisis por los odios, las envidias y las ambiciones.

Recordemos el ejemplo del gran caudillo Francisco Morazán, él fue apóstol y mártir de la unión, todos los hondureños debemos recoger su ejemplo y asimilarlo en nuestra vida cívica, cómo olvidar tampoco el gran mandamiento nuevo de nuestro Divino Redentor "amaos los unos a los otros como yo os he amado", para gozar como es lo deseable, de una convivencia verdaderamente fraterna.

Excelentísimo señor presidente, nuevamente le expreso mi sincero reconocimiento, manifestándole también que se ha excedido en su bondad respecto a mi persona. Pido a Dios Nuestro Señor, por medio de nuestra excelsa patrona la Santísima Virgen de Suyapa, que lo siga asistiendo en la difícil tarea de gobernar a nuestro pueblo de Honduras, porque sabemos que hay múltiples problemas que a diario se suscitan.

TIEMPO/22 DE JUNIO DE 1987

FENAGH apoya Plan Agrario Nacional

Una comisión de la Federación de Ganaderos y Agricultores de Honduras (FENAGH), encabezada por su presidente, Miguel Ángel García, se entrevistó ayer con el presidente José Azcona Hoyo, a quien le plantearon su posición de defender sus derechos en el agro nacional, asimismo que apoyar al plan que en la campiña nacional, lleva a cabo el INA.

LA PRENSA/24 DE JUNIO DE 1987

HOY DECIDE PRESIDENTE SI IRÁ A NUEVA ORLEANS

El presidente José Azcona decidirá hoy si asiste o no a la conferencia de mandatarios centroamericanos por la Universidad de Tulane y la Alcaldía de nueva Orleans, programada para fines de julio próximo.

A fin de conocer la decisión del gobernante hondureño arribó ayer una delegación a la ciudad de Nueva Orleans encabezada por el presidente de la Universidad de Tulane, Edmond Kelly, quienes se entrevistarán hoy con el mandatario.

La citada conferencia fue programada inicialmente para mediados de mayo pasado, pero el presidente de Guatemala, Vinicio Cerezo, pidió que se realizara después de la cumbre de gobernantes.

La posposición de la cita cumbre de Guatemala preocupa a los organizadores de la conferencia de Nueva Orleans, pues alguno de los mandatarios podría solicitar una nueva prórroga lo que representaría una enorme pérdida económica.

Marco Tulio Romero, vocero de la Casa de Gobierno, afirmó que existen muchas probabilidades de que el presidente Azcona confirme su asistencia a la conferencia de Nueva Orleans.

"En esa cita únicamente se abordarán los problemas económicos de los países centroamericanos y se buscará la posibilidad de incrementar el comercio entre estos países y el Estado de Louisiana", indicó Romero.

LA TRIBUNA/24 DE JUNIO DE 1987

DEMOCRACIA Y SUFRAGIO

Una de las causas por las cuales ha luchado siempre el Partido Liberal, ha sido por las elecciones, porque allí está precisamente expresada la voluntad del pueblo especialmente cuando son libres. La ciudadanía al elegir las autoridades locales con su voto expresa su opinión, que es libre y nadie puede restringirla.

En los países democráticos se caracterizan por la libertad del sufragio, especialmente al elegir autoridades supremas y municipales; sin embargo, en nuestra patria que tenemos un gobierno democrático se está violando la Constitución y la Ley Municipal al no permitir las elecciones en el mes de noviembre para elegir autoridades municipales, so pretexto de que ningún partido político ha inscrito sus candidatos y que se va a gastar mucho dinero etc. Creemos nosotros no estar equivocados, que tanto la bancada liberal como la nacionalista del Congreso Nacional, controladas por Carlos O. Montoya y Callejas respectivamente, se han puesto de acuerdo para que no haya elecciones, por el miedo que tienen de perder muchas alcaldías y por eso han recomendado al Tribunal Nacional de Elecciones que las declare desiertas.

Siempre hemos opinado que el Pacto de Unidad Nacional (PUN) no le convenía al ingeniero Azcona hacerlo, que hubiera sido mejor realizarlo con las corrientes del mismo partido porque él no es presidente por los votos de Callejas, sino que por los de las corrientes de Azcona, Mejía Arellano, Bu Girón y el Movimiento Liberal Democrático Revolucionario que en total superaron a los que obtuvieron los nacionalistas.

Al no llevarse a cabo las elecciones de autoridades municipales, se le niega un derecho al pueblo, pone en mal predicado al gobierno de Azcona, puesto que con esta actitud se parece a la de los regímenes totalitarios.

Es extraño que el ingeniero Azcona, que lo consideramos honrado y demócrata, permita esta barrabasada que han preparado los grupos ambiciosos del poder, sin ver que con esto contradicen lo que ellos mismos han pregonado cuando están en la llanura.

Por Narciso Aguirre
Barrio Buenos Aires
Tegucigalpa D.C.

LA TRIBUNA/24 DE JUNIO DE 1987

FENAGH APOYA PLAN AGRARIO DEL INA

TEGUCIGALPA. - El coronel Miguel Ángel García presidente de la Federación Nacional de Agricultores y Ganaderos de Honduras, en compañía de la mayoría de quienes presiden en las asociaciones miembros, entregaron ayer al presidente José Simón Azcona un planteamiento que de acuerdo con sus palabras es congruente con los planes agrarios esbozados por el actual director ejecutivo del INA, ingeniero Mario Espinal Zelaya.

El ex-militar dijo estar agradecido por la entrevista concedida por el primer mandatario, manifestando que la FENAGH apoya decididamente el trabajo del referido funcionario agrario.

Se negó a comentar el contenido del documento el cual fue anunciado por el director ejecutivo de INA durante la inauguración de la Feria Juniana, adelantando que todo se conocerá en detalle dentro de un mes.

Admitió que miembros de varias asociaciones han sido obligados por las circunstancias a entablar juicios contra campesinos que ocupan ilegalmente sus tierras, aceptando que algunos están presos no por el hecho de ser labradores sino por haber transgredido la ley.

Asimismo, enfatizó que no se oponen a las actividades que lleva a cabo la comisión agraria nombrada por el presidente Azcona, aun cuando varias asociaciones exigieron su disolución y el propio dirigente manifestó que el citado grupo debe enmarcase en la ley para hacer valer sus decisiones.

"Si no hay paz en el agro nosotros los empresarios del campo no nos podemos dedicar a tiempo completo a la crianza de ganado y de cultivo de la tierra ante lo cual es necesario que se nos garanticen las inversiones y en ese sentido el presidente Azcona que es el mandatario de todos los hondureños, no dudamos activará en ese sentido, confesó a los periodistas.

Ahora se sabe que, a petición de la Federación Nacional de Agricultores y Ganaderos de Honduras, que el presidente de la República emitió una disposición especial que en el futuro obligará a los empresarios que utilizan leche como materia prima a que gasten 50 por ciento de ese producto en polvo e igual cantidad de la producida por los ganaderos de todo el país.

A su juicio, el principal elemento contenido en el plan de Mario Espinal Zelaya y de la FENAGH es que sea un solo organismo el responsable de asistir técnica y financieramente a quien el coronel García llama verdaderos campesinos para que no haya duplicidad de funciones con otros organismos gubernamentales que también se dedican a los mismos menesteres.

La Prensa/24 de junio de 1987

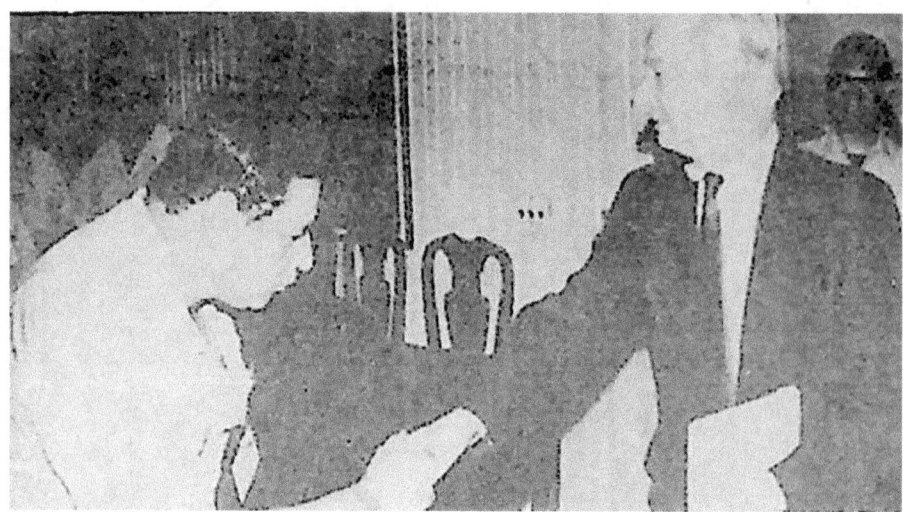

El presidente de la FENAGH saluda al mandatario ayer, al iniciarse la reunión. (Foto Salinas).

EL PROBLEMA DEL IHCAFE Y LA POLÍTICA CAFETALERA

El café es, sin duda alguna, el principal sostén de la economía hondureña. Es el rubro nacional de exportación más importante, y prueba de ello es que, cuando los precios internacionales suben, hay bonanza en el país y, al contrario, cuando bajan -como en los últimos tiempos- de inmediato se siente el impacto negativo.

Aunque parezca insólito, en Honduras no ha existido una política del café claramente definida y a largo plazo. La producción cafetalera ha ido creciendo paulatinamente, con el esfuerzo de los productores y el apoyo de Instituto Hondureño del Café (IHCAFE).

Sin embargo, este crecimiento ha sido ciertamente errático por diversas razones, entre ellas las de las plagas -como la roya- y por deficiencias estructurales en el conjunto del negocio cafetalero, en el que los productores llevan la parte más flaca y los exportadores la tajada del león.

Aun así, lo fundamental es que son más de 50.000 familias las que dependen del cultivo de café. Históricamente, y a partir de la segunda mitad del siglo 19, el café ha sido el eje seguro de la economía hondureña, con la particularidad -muy importante, por cierto- de que en nuestro país se desarrolló a través de pequeños productores, y no bajo la forma concentrada de la plantación, como en El Salvador y Guatemala, para beneficiar a unos pocos.

Actualmente hay un tremendo debate sobre la supervivencia o no del IHCAFE, institución a la que se acusa de todos los males habidos y por haber. No se le reconocen méritos al IHCAFE, no obstante que los tiene, aunque es cierto que, en los últimos tiempos, se le metió un caballo de troya al politizarlo.

En el gobierno anterior, del doctor Roberto Suazo Córdova, se maniobró para darle una mayoría al gobierno en la directiva del IHCAFE, a fin de usarlo como instrumento político. Fue así como se incluyó un miembro más -el representante del Instituto Nacional Agrario-, cuando el INA pertenece a lo que se llama el sector reformado y, evidentemente, los cafetaleros no están encuadrados en ese sistema.

La politización del IHCAFE ha rendido sus amargos frutos, y en el presente hay en esa institución una crisis de confianza, tanto en la administración como en la dirección. La institución cafetalera anda dando tumbos, y esa coyuntura está queriendo ser aprovechada para eliminar por completo al IHCAFE. Este proyecto, que ha entrado al tapete legislativo es un error. El diputado comayagüense, doctor Jaime Andara, de filiación callejista, ha introducido un proyecto de decreto en el Congreso Nacional para acabar con el IHCAFE y, en cambio crear dos institutos: uno para la comercialización, a cargo de los comercializadores y otro para la producción, destinado a los productores.

A simple vista el proyecto es descabellado e injusto. Se acusa al IHCAFE de ser un ente burocratizado, pero la creación de dos institutos significa, entre otros puntos, una duplicación de la burocracia. Por otro lado, si los suculentos beneficios del negocio cafetalero quedan en los comercializadores, es seguro que el instituto de la producción cafetalera viviría en la suma pobreza, para pronto morir por falta de recursos financieros, o convertirse en otra institución subvencionada por el Estado.

En la actualidad, el IHCAFE genera sus propios recursos para su sostenimiento. Se habla de un presupuesto estratosférico de 40 millones de lempiras al año, pero en la práctica solamente es de 12 a 14 millones. El resto se consigna en fondos para la compraventa de café para el consumo local.

El punto básico de este problema -efectivamente bastante complejo- es qué hará el presidente de la República, ingeniero José Simón Azcona Hoyo, para darle al IHCAFE mayor solidez y devolverle la confianza, alejando la política en las decisiones sobre quiénes dirigen o administran esta institución.

A partir de allí habría que estructurar una política cafetalera estable. Si eso no ocurriera, su propio gobierno estará a merced del aventurerismo, con sus pretensiones incluso de suprimir demagógicamente el impuesto al café cercenándole al fisco 45 millones de lempiras, y de esta manera aumentar más aún la peligrosa brecha fiscal al descubierto, que pesa al punto de acogotar la administración.

TIEMPO/24 DE JUNIO DE 1987

SERÁ UNA REALIDAD ESTADIO UNIVERSITARIO

El martes en horas de la tarde el abogado Oswaldo Ramos Soto, rector de la Universidad Nacional se reunió con el presidente de la República, ingeniero José Azcona para entregarle los planos de lo que será el Estadio Universitario que se construirá con motivo de la celebración de los IV juegos Deportivos Centroamericanos.

El abogado Ramos Soto llegó acompañado del arquitecto José Roberto Molina, y de miembros del Comité Organizador de los Juegos.

"Hemos venido a visitar al señor presidente para hacerle entrega de un proyecto de Estadio Universitario que serviría para sacar avante los Juegos Centroamericanos de enero de 1990 de conformidad al compromiso contraído por el gobierno de Honduras", dijo Oswaldo Ramos Soto al comentar el motivo de su visita.

El rector de la Universidad agregó que este Estadio Universitario había sido diseñado por dos estudiantes de la primera promoción de arquitectura bajo la dirección del coordinador de la carrera, arquitecto, José Roberto Molina.

"Hemos dialogado ampliamente con el señor Azcona y él se mostró muy satisfecho y agradecido con las autoridades universitarias por colaborar con el gobierno en esta empresa que implica un compromiso para el pueblo hondureño. Nosotros creemos que al final vamos a prestar un valioso concurso para el éxito de esta competencia regional" afirmó.

El abogado Ramos Soto indicó que después de la competencia, la instalación, además de servir a los estudiantes podría ser sede del equipo Universidad perteneciente a la Liga Nacional de Futbol de No Aficionados.

Por su parte el arquitecto José Roberto Molina al ser interrogado sobre el Estadio Universitario dijo que esta será una obra bien diseñada con capacidad para 30 mil personas después de que se hayan finalizado sus tres etapas.

Indicó que en la primera etapa se prevé construir una gradería para 6 mil personas, se hará una segunda gradería para igual cantidad de aficionados hasta cerrarlo completamente.

Afirmó que la obra será de gran beneficio para los que practican el fútbol ya que estará dotada de todos los servicios. Su costo alcanza los 6 millones de lempiras finalizadas las tres etapas que implica su construcción.

El Estadio estará ubicado en el sector oeste de la Ciudad Universitaria.

"Ojalá este esfuerzo realizado por los estudiantes sea aprovechado para dotar a Tegucigalpa de una moderna instalación deportiva" terminó diciendo el arquitecto Molina.

LA TRIBUNA/25 DE JUNIO DE 1987

MAÑANA ESTARÁ AZCONA EN LA CEIBA

LA CEIBA. - Este sábado arriba a su ciudad natal el presidente de la República, Ing. José Simón Azcona del Hoyo, para convertirse en padrino de la última promoción de egresados del centro Universitario Regional del Litoral Atlántico, CURLA.

La honrosa distinción que se le confiere de parte de la comunidad universitaria ceibeña no es en forma exclusiva para una carrera, sino para Agronomía, Forestal y Economía Agrícola, lo que eleva a su máxima expresión la voluntad estudiantil de tener en tan solemne acto al hijo predilecto de La Ceiba. Se ha anunciado también la asistencia del señor embajador de los Estados Unidos de América a la ceremonia de entrega de Cartas Profesionales, quien a su vez se hará acompañar de su dilecta esposa.

Los actos tendrán lugar en la Biblioteca Universitaria en horas de la mañana para lo cual han sido invitadas destacadas personalidades del gobierno central, departamental y local, elementos de la empresa privada, padres de familia de los graduandos y amigos de los mismos.

Debido a la presencia del mandatario se tomarán medidas de seguridad en todo el contorno del Campus Universitario para evitar situaciones anormales, especialmente en los tiempos actuales donde el pillaje, bandolerismo y actos criminales ya preocupan a la comunidad hondureña.

LA PRENSA/26 DE JUNIO DE 1987

AL NO ASISTIR NICARAGUA: CONFERENCIA ECONÓMICA PODRÍA EFECTUARSE CON 4 PRESIDENTES

TEGUCIGALPA. - Con la realización de la conferencia económica de New Orleans, Centro América '87 un nuevo camino quedará sujeta a la confirmación de los presidentes del área que telefónicamente se comunicarán para determinar si asisten o no a este cónclave informó ayer uno de los organizadores tras reunirse con el presidente José Azcona Hoyo.

En horas de la mañana se entrevistaron con el mandatario Rumualdo González director de la conferencia y la coordinadora Lilian Machado quien afirmara que Azcona Hoyo tiene buena intención de asistir a este evento cuyos promotores desean hacer llegar a los cinco presidentes de Centro América. La conferencia tiene como fines principales la promoción y el intercambio comercial a efecto de lograr un buen nivel que lleve a los países participantes a un desarrollo económico.

El director de la conferencia tras explicar que en ese cónclave sólo se tratarán aspectos de tipo económico y que no tiene ninguna relación, con la cumbre de mandatarios a desarrollarse en Guatemala dijo que hay interés mundial para efectuar la reunión.

Precisó que han recibido alrededor de 300 solicitudes de empresas periodísticas interesadas en cubrir el evento.

Sostuvo que en la reunión que tuvieron con el presidente de Costa Rica, Oscar Arias Sánchez éste les manifestó que está totalmente de acuerdo en que se desarrolle el evento y que sería una tragedia una cancelación definitiva. Esta conferencia que ya fue aplazada por una vez, está programada para finales de julio próximo y si no se logra montar con la participación de los cinco presidentes de área con la posible exclusión de Nicaragua se tratara de realizar con cuatro países, dijeron los patrocinadores.

LA PRENSA/25 DE JUNIO DE 1987

ANTE TANTA DEMANDA: AZCONA INAUGURÓ AULAS EN ZONAS MARGINALES

TEGUCIGALPA. - El presidente de la república José Azcona Hoyo inauguró hoy por la mañana varias aulas en dos escuelas de educación primaria del área marginal de la ciudad capital, se informó aycr cn casa dc gobierno.

Según la fuente, la ampliación de estos centros de estudios escolares se ejecuta a través de la oficina del desarrollo de la comunidad que funciona adscrita al Ministerio de la Presidencia de la República la cual por ex director de mantenimiento ingeniero Roberto Acosta.

Azcona Hoyo estará presente en la colonia "La Era" y la 30 de noviembre donde se edificaron aulas en las escuelas "Miguel Andonie Fernández" y España respectivamente con los que solucionó en parte la falta de espacio físico que junto a la escasez de mobiliario caracterizan a la mayoría de las escuelas públicas de Tegucigalpa.

La oficina de Desarrollo de la comunidad ejecuta en la actualidad una serie de 30 proyectos en diferentes colonias y barrios pobres de Tegucigalpa los que serán concluidos en el presente año según informó.

Este tipo de mejoras en los centros escolares corresponden normalmente a la dirección de construcciones escolares del Ministerio de Educación Pública, pero a raíz de la demanda el gobierno central ha decidido apoyarle con la ejecución de estos proyectos según se explicó.

LA PRENSA/25 DE JUNIO DE 1987

Encomiable posición de Ortega: Azcona

No es posible cumbre sin reunión de cancilleres

El presidente José Azcona dijo ayer que es "muy encomiable" que el mandatario de Nicaragua, Daniel Ortega, haya aceptado participar en la reunión cumbre centroamericana que se realizará en Guatemala el 6 y el 7 de agosto próximos.

Sin embargo, el presidente hondureño sostuvo que antes de celebrarse esa reunión es necesario que los cancilleres efectúen citas previas para afinar el documento que se pudiera suscribir en la cumbre presidencial.

"No es posible, señaló, ir a esa reunión sin ningún arreglo previo. Los cancilleres deben reunirse y aunque no lo hayan podido hacer ayer y hoy, como estaba programado en Tela, todavía hay tiempo suficiente para celebrar unas tres reuniones para pulir el documento"

Azcona dijo que no podía calificar como un boicot el fracaso de la reunión de cancilleres convocada para Tela. "Yo no quiero usar palabras fuertes en estas cosas, aunque estemos en un enfrentamiento ideológico fuerte en Centroamérica, que obstaculiza los arreglos".

Sin embargo, dijo que "con la buena voluntad que pongamos todos y el deseo de que haya tranquilidad en el área, yo creo que sí podemos llegar a firmar documentos que en realidad sirvan de instrumentos para lograr la paz".

LA TRIBUNA/26 DE JUNIO DE 1987

GRAN ENTUSIASMO POR LA FIESTA DE GALA DE LA CRUZ ROJA HONDUREÑA

La Cruz Roja Hondureña, realizará el próximo 17 de julio, la cena de gala presidencial que será presidida por el señor presidente, ingeniero José Azcona y su esposa doña Miriam.

Este evento es una de las actividades de recaudación de fondos que realiza la Cruz Roja Hondureña con el propósito de recaudar fondos para lograr llevar a cabo las múltiples labores humanitarias que realiza esta benemérita institución en el país.

Actuarán conocidos cantantes nacionales; será amenizada por la banda One y la banda de la naval. El ingeniero Salvador Nasralla será el maestro de ceremonias.

Presidente José Azcona y su esposa Miriam de Azcona, anfitriones de esta fiesta benéfico-social.

LA PRENSA/26 DE JUNIO DE 1987

EL 17 DE JULIO SERA LA FIESTA DE GALA PRESIDENCIAL DE LA CRUZ ROJA HONDUREÑA

La Cruz Roja Hondureña realizará el próximo 17 de julio, la fiesta de Gala Presidencial, en el centro social Metro, presidida por el señor Presidente Constitucional, ingeniero José Azcona y su digna esposa doña Miriam, en apoyo a esta benemérita institución.

La señora Meneca de Mencía, Presidenta Nacional de la Cruz Roja Hondureña, coordina personalmente todos los detalles para lograr que la Cena de Gala sea otro éxito social.

EL HERALDO/26 DE JUNIO DE 1987

Para su edificio: Alumnos del Aguilar Paz piden atención de Azcona

Estudiantes, padres de familia y profesores del Instituto Jesús Aguilar Paz, iniciaron ayer medidas de presión con manifestaciones callejeras, a fin de lograr la construcción de su nuevo edificio.

Portando mantas y pancartas los manifestantes exigieron frente a Casa de Gobierno la intervención del presidente José Azcona, debido a la manifiesta negligencia del alcalde, Rodimiro Zelaya, para resolver su problema, según apuntaron.

La Alcaldía de Tegucigalpa donó un terreno el año pasado para la construcción del edificio del Jesús Aguilar Paz, en la salida a la carretera del norte, pero cuando las autoridades educativas sometieron a licitación los trabajos de construcción y esta estaba por iniciarse reclama como suyo el lote la inmobiliaria Casco Fortín.

Es por eso que los trabajos se encuentran paralizados, pese a que las nuevas instalaciones urgen debido al mal estado en que se encuentra el viejo edificio en Comayagüela, que alberga a casi dos mil estudiantes.

Durante la manifestación, estudiantes, profesores y padres de familia advirtieron que si el presidente Azcona no toma carta en el asunto pondrán en ejecución medidas de presión más drásticas, para lo cual cuentan con el apoyo de las organizaciones comunales, aseguraron.

La Tribuna/25 de junio de 1987

Azcona interesado en asistir a conferencia de nueva Orleáns

TEGUCIGALPA. El presidente José Azcona Hoyo manifestó ayer a una delegación de Nueva Orleans, Estados Unidos, su interés de asistir a la conferencia dominada "Centroamérica 87, un nuevo camino" a celebrarse del 27 de julio al primero de agosto con todos los mandatarios de la región.

El presidente de dicha conferencia, Rumualdo González, dijo que la delegación realiza una gira por los cinco países de Centroamérica, para invitar a los mandatarios que asisten a la reunión, a fin de que expongan al pueblo norteamericano sus puntos de vista sobre la crisis centroamericana y las oportunidades que existen para el intercambio comercial.

La conferencia es patrocinada por la alcaldía de Nueva Orleans y la Universidad de Tulane, para dar la oportunidad a los presidentes centroamericanos que expliquen al pueblo norteamericano la verdadera situación que atraviesa esta región.

González expresó que la mayoría de los presidentes centroamericanos están dispuestos a participar en la conferencia, y citó la opinión del presidente de Costa Rica, Oscar Arias Sánchez, quién dijo que sería una tragedia cancelar esta reunión, la que debe realizarse de cualquier forma.

La conferencia estaba programada para realizarse del 17 al 20 de este mes, pero la misma fue propuesta para dar oportunidad a la cumbre de mandatarios centroamericanos que se llevará a cabo el 25 y 26 del presente mes en Guatemala.

Rumualdo González señaló que existe interés mundial porque esta conferencia se realice, a la cual desde ya se han acreditado más de 300 empresas periodísticas para cubrir el evento.

Finalmente, dijo que la posposición de esa conferencia ha causado muchas pérdidas económicas a la alcaldía de Nueva Orleans y la Universidad de Tulane, por lo que la misma tendría que realizarse del 27 al primero de agosto, aunque sea sin la asistencia de los presidentes centroamericanos. (TDG).

José Azcona se reunió ayer con el presidente de la Conferencia
Centroamericana 87, un nuevo camino, Rumualdo González

TIEMPO/5 DE JUNIO DE 1987

ESCUCHÓ EL LLAMADO DE LA PRENSA...

JOSÉ AZCONA ENTREGÓ 10 MIL LEMPIRAS PARA CONSTRUIR

ESTADIO DE SANTA RITA

SANTA RITA, YORO. - EL PRESIDENTE CONSTITUCIONAL DE LA REPÚBLICA, ING. JOSÉ SIMÓN AZCONA, OTORGÓ UN SUBSIDIO POR LA CANTIDAD DE 10 MIL LEMPIRAS AL COMITÉ PROCONSTRUCCIÓN DEL ESTADIO "LEONEL ESPINOZA" DE ESTA LOCALIDAD, SEGÚN INFORMÓ A LA PRENSA EL ALCALDE MUNICIPAL JESÚS BONILLA MARTÍNEZ.

LOS FONDOS FUERON GESTIONADOS POR LOS DIRIGENTES DEPORTIVOS HUGO ERAZO Y BONILLA MARTÍNEZ EL AÑO PASADO, QUIENES SOLICITARON AL MANDATARIO UNA AYUDA ESPECIAL PARA LA CONTINUACIÓN DE LA OBRA DEPORTIVA QUE ES CONSIDERADA DE MUCHA IMPORTANCIA PARA LA COMUNIDAD.

EL PRESIDENTE DE LA ORGANIZACIÓN DEPORTIVA SE HIZO PRESENTE A LA CIUDAD DE TEGUCIGALPA, A PETICIÓN DEL ADMINISTRADOR DE CASA PRESIDENCIAL, LICENCIADO ALFREDO GAITARI, PARA QUE RECIBIERA EL CHEQUE CONTENIENDO LA AYUDA MONETARIA PROMETIDA POR EL MANDATARIO HONDUREÑO DURANTE UNA VISITA QUE AZCONA REALIZÓ A ESTA CIUDAD.

LA PRENSA A TRAVÉS DE SUS PÁGINAS DEPORTIVAS EXCITÓ PÚBLICAMENTE AL PRESIDENTE A QUE CUMPLIERA CON LA AYUDA PROMETIDA AL DEPORTE DE SANTA RITA DE YORO Y OCHO DÍAS DESPUÉS SE HIZO EFECTIVO EL SUBSIDIO A TRAVÉS DE LA PAGADURÍA ESPECIAL DE CASA PRESIDENCIAL.

JESÚS BONILLA MARTÍNEZ Y HUGO RENÉ ERAZO AGRADECIERON AL PRESIDENTE AZCONA EL APORTE DESTINADO A LA CONSTRUCCIÓN DEL ESTADIO. "NUESTRO PRESIDENTE HA CUMPLIDO CON LA PROMESA HECHA AL DEPORTE, LO QUE DEMUESTRA LA SERIEDAD DEL SEÑOR PRESIDENTE QUIEN CON ESA ACCIÓN SE HA GANADO EL CARIÑO DEL PUEBLO DE SANTA RITA CON QUIEN SE ESTÁ IDENTIFICANDO EN VARIOS ASPECTOS, MUCHAS GRACIAS SEÑOR PRESIDENTE", FINALIZÓ DICIENDO JESÚS BONILLA MARTÍNEZ, PRESIDENTE DEL COMITÉ PRO-CONSTRUCCIÓN DEL ESTADIO (R. ISCOA).

Ing. José Azcona, presidente constitucional de la República, quien aportó la suma de 10 mil lempiras para la construcción del Estadio "Leonel Espinoza" de Santa Rita.

Jesús Bonilla Martínez, alcalde municipal quien recibió el subsidio otorgado por el presidente Azcona. (*Foto Rolando Iscoa*).

LA PRENSA/25 DE JUNIO DE 1987

Presidente inauguró 5 aulas escolares

TEGUCIGALPA. - El presidente José Azcona Hoyo y los principales funcionarios del Ministerio de Educación Pública, inauguraron ayer en las colonias marginales cinco aulas escolares que fueron edificadas con fondos del Ministerio de la Presidencia.

Al acto asistieron la ministra de Educación, Elisa Valle de Martínez; el viceministro Cecilio Silva; la titular de la Dirección de Construcciones Escolares, Lastenia de Flores y el supervisor nacional Will Renal Díaz, en representación todos los de la Secretaría de Educación Pública.

Tal y como se informó ayer en este rotativo las ampliaciones escolares están ubicadas en las colonias "La Era", en la escuela "Miguel Andonie Fernández", en la "30 de Noviembre", en la escuela "España".

Las mismas fueron ejecutadas por la Oficina para el Desarrollo de la Comunidad, adscrita a la Presidencia de la República, la cual es dirigida por el ingeniero Roberto Acosta, quien también estuvo presente en los actos.

Inauguración de varias aulas en la Escuela "30 de Noviembre" a inmediaciones de la colonia La Sosa de Tegucigalpa, y a cuyos actos asistió el presidente Azcona. *(Foto Aulberto Salinas López).*

LA PRENSA/26 DE JUNIO DE 1987

DIPUTADOS A REPARTIR LOS SUBSIDIOS DE PRESIDENCIAL

El presidente José Azcona Comenzó ayer a repartir los subsidios para las municipalidades de todo el país, por intermedio de los diputados oficialistas.

El administrador de la Casa de Gobierno, Jaime Gaytán, entregó los cheques a los diputados, que los entregarán a los alcaldes municipales para que ejecuten obras de beneficio comunal.

Antes de que finalice el presente mes serán entregados alrededor de cuatro millones de lempiras en subsidios, que representan el 50 por ciento de la cantidad aprobada por el Congreso Nacional, mientras que la diferencia será distribuida en noviembre próximo.

Oficialmente se desconoce el destino que tendrán esos subsidios dado que hasta la fecha las municipalidades no han presentado proyectos específicos para invertir esos fondos.

Los subsidios fueron asignados a los municipios de acuerdo al número de habitantes mayores de 18 años por lo que resultaron más beneficiadas las alcaldías de Tegucigalpa, San Pedro Sula, El Progreso, La Ceiba y Choluteca.

Los diputados de Choluteca Emilio Williams y Walter Reichman (segundo y tercero), al momento de retirar los fondos. (*Foto de Aquiles Andino*).

El administrador Jaime Gaytán al momento de entregar el subsidio a Antonio Ardón Fuentes, Mario René Palomo y Huberto Pinto, del departamento de Ocotepeque. (Foto de Aquiles Andino).

LA TRIBUNA/26 DE JUNIO DE 1987

AZCONA DESEA SE PRACTIQUEN LAS ELECCIONES MUNICIPALES

TEGUCIGALPA. – (Por Faustino Ordóñez Baca). -El presidente José Azcona dijo ayer que las elecciones municipales definitivamente no podrán practicarse en la última semana de noviembre, pero su deseo es que se realicen en el primer semestre del próximo año.

En una improvisada conferencia de prensa, el mandatario elogió la decisión del jefe de gobierno de Nicaragua, Daniel Ortega, de asistir a la cumbre presidencial a Guatemala y calificó de muy positiva la posición adoptada por el Congreso Nacional en ayuda de la policía para combatir la ola de criminalidad que nos azota.

COMPLETAMENTE DE ACUERDO

Al preguntarle si está de acuerdo con la posición del jefe de las Fuerzas Armadas, general Humberto Regulado Hernández, de que los comicios deben celebrarse conforme a ley este año, el jefe del ejecutivo dijo sin embargo estar "completamente de acuerdo" porque "quién no ha de estar de acuerdo en que se debe respetar la Constitución de la República".

"Pero en este caso, recordó el mandatario, lo que hay es un decreto de convocatoria emitido por el Tribunal Nacional de Elecciones donde se precisó para dos años el período de duración para los alcaldes municipales".

"El error fue no haber cambiado la ley electoral antes de las elecciones secundarias" porque a estas alturas "no es posible convocar a elecciones municipales puesto que hay que escoger a los candidatos a alcaldes conforme a la Ley Electoral".

A juicio del gobernante para llevar a cabo el proceso electoral municipal en el presente año se tendrá que celebrar elecciones internas a nivel de los partidos políticos para luego seleccionar los aspirantes alcaldes.

A criterio de Azcona Hoyo, ninguno de los partidos políticos cumplió con lo preceptuado en la ley, o sea la inscripción de planillas en el Tribunal Nacional de Elecciones como un procedimiento legal para exigir la realización de las elecciones municipales.

Aunque se reforme la Ley Electoral este año, tampoco hay tiempo para desarrollar este evento político según el Presidente de la Republica quien añadió que para él "fue un éxito el haber persuadido a los candidatos del Partido Liberal para que en septiembre del corriente año celebraran elecciones internas para seleccionar las autoridades del partido".

Lo importante es que no está en la constitución "el desarrollar las elecciones municipales en una fecha determinada", según el mandatario dando a entender que si estuviéramos plasmado en la Carta Magna obligadamente se tendría que convocar a un proceso electoral.

ELOGIA DECISION DE ORTEGA

Opinó que "es muy encomiable e importante" que el jefe del gobierno nicaragüense, Daniel Ortega, haya decidido asistir los días seis y siete de agosto a la cumbre de mandatarios a celebrarse en Guatemala.

Ortega tomó tal determinación luego de entrevistarse con el presidente de Panamá, Erick del Valle por lo cual se firmó un acuerdo en ciudad Panamá mismo que ya llegó a manos del presidente hondureño mediante télex recibido en la cancillería hondureña.

Azcona Hoyo reafirmó no obstante que es necesario que antes de la cumbre de presidentes debe haber por lo menos tres reuniones previas de cancilleres las que tendrán como objetivo canalizar y modificar el documento de diez puntos elaborados por el Presidente de Costa Rica al que se le conoce como "Plan Arias".

"No es posible ir sin ningún arreglo previo eso es fácil de entender los ministros de relaciones exteriores deben reunirse y el hecho que no se hayan reunido el día de hoy en Tela, no quiere decir que no es tiempo suficiente para celebrar las tres reuniones convenidas con el presidente de Guatemala y El Salvador dijo Azcona.

La cancillería en un comunicado conmovido ayer afirmó que el encuentro de cancilleres previsto para Tela, ya no realizará y sugirió "reiterarle" a Contadora la plena competencia en la mediación de situación centroamericana.

"No quiero usar palabras fuertes en estas cosas", contestó el mandatario a una pregunta si el gobierno hondureño veía algún tipo de boicot para el encuentro de cancilleres.

"Estamos señaló, en un enfrentamiento ideológico fuerte en Centroamérica y siempre que hay este tipo de enfrentamientos es un poco difícil llegar a arreglos, pero con la buena voluntad que pongamos todos, y el deseo de que haya tranquilidad en el área, creo que concluirá en la firma de documentos.

ACEPTABLE AYUDA

La idea del Congreso Nacional de contribuir económicamente con la Fuerza de Seguridad Pública para el mejor desenvolvimiento de sus funciones, es muy bien vista por el jefe del poder ejecutivo ingeniero José Azcona Hoyo.

El presidente de la República, declaró que "todo lo que sea para la tranquilidad y para que las Fuerzas Armadas puedan cumplir con su mandato constitucional de mantener el orden público y la seguridad, es muy aceptable y bienvenida.

El mandatario consultado en el marco de la inauguración de varias aulas escolares en una colonia marginal de Tegucigalpa recordó empero que este año se incrementó el presupuesto de las Fuerzas Armadas donde se destinaba una partida especial para aumentar los salarios a los agentes de la FUSEP.

Ante la ola de criminalidad que vive el país, con énfasis en la costa Atlántica y la región central, el titular del ejecutivo fue consultado, si estaba de acuerdo en que se implementara la pena de muerte modificando el actual Código Penal a los que respondió: "El Código Penal es bastante fuerte si se aplican las penas establecidas en él".

Lo importante añadió "es que los jueces ejecuten la sentencia con celebridad para que los reos sentenciados cumplan estas condenas", subrayó.

El presidente reveló estar analizando la posibilidad de derogar una suma de dinero para edificación del Centro de Rehabilitación Penitenciaria que sustituirá a la central PC, pero se abstuvo de informar qué cantidad de dinero podría destinarse por tal fin.

LA PRENSA/26 DE JUNIO DE 1987

SOSTIENE DEMOCRACIA CRISTIANA: SÍ HABRÁ MUNICIPALES: AZCONA, MONTOYA Y CALLEJAS CEDERÁN

El Directorio Nacional del Partido Demócrata Cristiano (PDCH) felicitó a las Fuerzas Armadas de Honduras por su posición asumida respecto a la celebración de las elecciones municipales y estimó que como esa institución constituye "el poder real de Honduras, ahora sí se van a realizar esos comicios"

Los principales expositores en la conferencia de prensa, Rubén Palma Carras, presidente del PDCH y el diputado Efraín Díaz Arrivillaga, dieron a conocer un amplio documento contentivo de su posición sobre problemas sociales y políticos y la forma cómo enfocan su posible solución.

El general Humberto Regalado Hernández expresó que las Fuerzas Armadas no tienen ningún interés en satisfacer caprichos políticos que han entrado en controversias por las elecciones municipales, pero que como fieles cumplidores de la constitución de la República están de acuerdo con la determinación del pueblo hondureño en ese sentido.

Díaz Arrivillaga indicó que quienes se oponen a las elecciones municipales son el presidente José Azcona, Carlos Montoya Y Rafael Leonardo Callejas, que además han reflejado estar supeditadas al poder militar, por lo que está seguro que cambiarán su actitud.

Agregó que en muy poco tiempo estaremos viendo cómo Azcona, Montoya y Callejas estarán cambiando de posición, mientras que las dos últimas ordenarán a sus bancadas que cambien su posición "por lo que podemos asegurar que las elecciones sí se celebrarán".

En un documento el PDCH señala que "debe respetarse la Constitución de la República, Artículo 2, el cual obliga a respetar la soberanía popular y en consecuencia no cabe ninguna otra posibilidad para que las elecciones municipales puedan ser prorrogadas ni suspendidas".

En cuanto a que los partidos no hayan celebrado elecciones internas para escoger sus candidatos a cargos de elección popular, apuntó la DC que "esa negligencia colectiva no debe inducir irremediablemente a violar la Constitución de la República".

Además, advirtió que el Tribunal Nacional de Elecciones (TNE) "no está en capacidad de declarar desiertas las elecciones municipales, porque hacerlo significaría incurrir en responsabilidad civil y criminal".

El Congreso Nacional está obligado a reformar la Ley Electoral, sostuvo el PDCH, "a fin de garantizar la preservación del orden jurídico constitucional y el respeto a la voluntad popular, porque hacer lo contrario constituye aceptar el rompimiento del orden constitucional y ser partícipe del deterioro de la base de legitimidad en que descansa el actual régimen político".

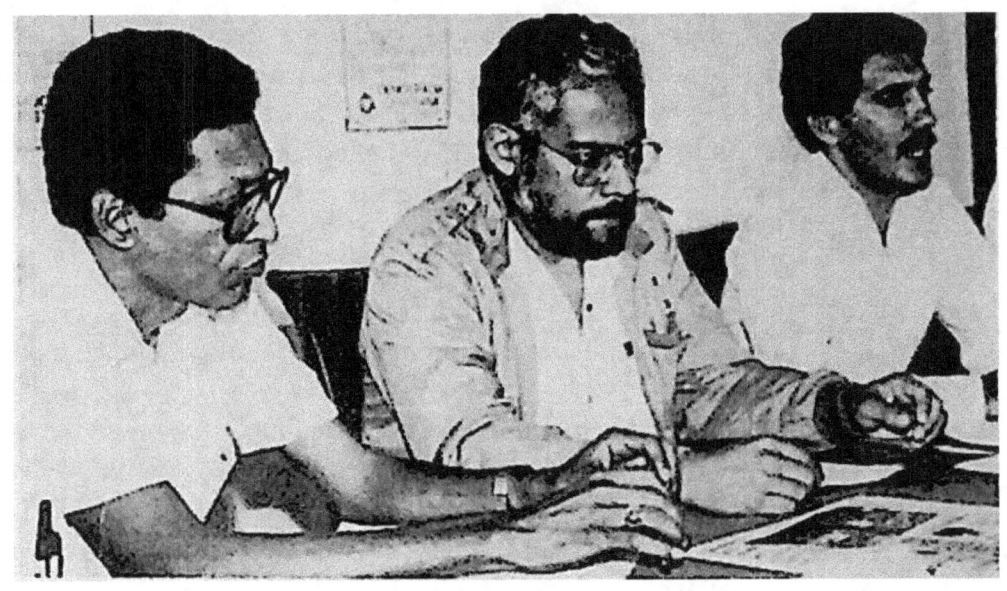

La democracia cristiana reiteró ayer su posición de acudir a las elecciones municipales en noviembre próximo.

LA TRIBUNA/26 DE JUNIO DE 1987

FESITRANH LLAMA A AZCONA A ESCUCHAR CLAMOR DEL PUEBLO

SAN PEDRO SULA. -El presidente de la Federación Sindical de Trabajadores Nacionales de Honduras (FESITRANH), Francisco Guerrero, dijo ayer que el apoyo de las Fuerzas Armadas para que se realicen las elecciones municipales es en atención al clamor del pueblo que las exige.

Agregó que las elecciones municipales son necesarias, lógicas e imprescindibles; necesarias, dijo, porque con ellas se le quitaría un poco de presión a la "olla" y se evitaría una crisis de impredecibles consecuencias.

Ante esta situación, continuó, le hacemos un llamado al Presidente de la Republica a que escuche los deseos del pueblo, porque en caso contrario la historia lo juzgara a él y a los que se oponen a los comicios como elementos que propiciaron el desequilibrio social del país. (RM).

TIEMPO/26 DE JUNIO DE 1987

AZCONA INAUGURA AULAS DE ESCUELAS EN COLONIAS POBRES DE LA CAPITAL

Las colonias marginales La Era y 30 de Noviembre fueron visitadas ayer por el presidente José Azcona Hoyo, quien llegó para inaugurar cinco aulas escolares construidas con fondos de la Presidencia de la República.

Fue la primera vez en la historia de esas colonias capitalinas que recibían la visita de un presidente y aprovechando ese histórico momento, elevaron una serie de peticiones a la consideración del Ejecutivo.

Azcona inauguró dos aulas en la Escuela "Miguel Andonie Fernández" de la colonia La Era, pero los maestros y vecinos del lugar le pidieron la construcción de más aulas, proyectos de agua potable y energía eléctrica, reparación de calles, edificación de un Jardín de Niños y un cerco para proteger la zona escolar.

El mandatario comentó que los problemas de Honduras "siempre han sido enormes" e instó a los vecinos del lugar a "poner su grano de arena para que podamos salir adelante, a pesar de los problemas que tenemos".

"Uno de los principales problemas de Honduras es la educación ya que no puede construirse el desarrollo del país sobre altos niveles de analfabetismo e ignorancia", añadió.

El presidente aseguró que en 17 meses de su gobierno se han empleado más de dos mil nuevos maestros y construido más de 300 aulas por el sistema de ayuda mutua, además de la edificación de 300 nuevas escuelas.

"Pero, esas cantidades no son suficientes porque la explosión demográfica de Honduras es una de las más altas del mundo", continuó.

Azcona prometió a los vecinos de La Era construirles el próximo año su Jardín de Niños y contribuir con la mitad del costo para el cerco que necesita la escuela. El restante 50 por ciento lo costeará el empresario Miguel Andonie Fernández.

El mandatario se trasladó posteriormente a la colonia 30 de Noviembre en donde inauguró tres aulas. En ambas ceremonias participaron los titulares del Ministerio de Educación, Elisa Valle y Cecilio Silva, además del personal docente, alumnado, padres de familia y comunidades en general.

El presidente Azcona al momento de inaugurar una de las escuelas en su recorrido que realizó ayer en las colonias marginales mencionadas.

EL HERALDO/26 DE JUNIO DE 1987

AZCONA: DÍAZ ARRIVILLAGA SEGUIRÁ ECHÁNDOLE "CANDELA" A GOBIERNOS DURANTE 20 AÑOS

TEGUCIGALPA. – El diputado democristiano Efraín Díaz Arrivillaga siempre va a estar "echándole candela a los gobiernos de turno durante los próximos 20 ó 25 años, porque su posición política va a ser siempre de oposición", expresó ayer el presidente José Azcona Hoyo.

El mandatario se refirió a las críticas que vertió recientemente el diputado Díaz Arrivillaga, en el sentido de que el gobierno de José Azcona Hoyo es el responsable del aumento de la criminalidad en el país.

"El diputado Díaz Arrivillaga es una persona de toda mi estimación, creo que es un buen hondureño, pero él siempre va a estar en contra de este gobierno y de los próximos gobiernos", señaló.

En cuanto al apoyo que ha decidido dar el Congreso Nacional a las Fuerzas Armadas para contrarrestar la delincuencia en el país, Azcona manifestó que "eso es muy bueno, ya el gobierno tomó esa decisión, este año se les aumentó el sueldo a los agentes de seguridad pública, para lo cual hubo un aumento en el presupuesto".

"Todo lo que sea para la tranquilidad y para que las Fuerzas Armadas puedan cumplir con su mandato constitucional de mantener el orden público y la seguridad, creemos que es muy aceptable y muy bienvenido ese apoyo", agregó. (TDG)

TIEMPO/26 DE JUNIO DE 1987

AZCONA: TRABAJEN MAESTROS, QUE PARA ESO SE LES PAGA

Durante los actos de inauguración de varias aulas escolares en colonias marginales de la capital, el presidente José Azcona aseguró ayer que en los 18 meses que lleva al frente del Poder Ejecutivo ha nombrado más de 2,000 nuevos maestros.

Sin embargo, el mandatario dijo que los problemas educativos que enfrenta el país son tan grandes que cada año se necesita nombrar más maestros y construir nuevas escuelas, para poder atender eficientemente a la población estudiantil del país.

En un discurso pronunciado en la Escuela "Miguel Andonie Fernández", de la colonia La Era, en la cual la Presidencia de la República construyó dos nuevas aulas, Azcona recordó que siempre ha considerado que el principal problema del país es la educación.

"Jamás Honduras podrá salir del subdesarrollo si no elevamos el nivel educativo de nuestro pueblo. No podemos construir desarrollo sobre analfabetismo e ignorancia", expresó.

El mandatario indicó que todas las acciones que ha realizado en el campo educativo no son suficientes, dado que el crecimiento demográfico del país es unos de los más altos en el mundo.

"Se crean escuelas, señaló, y las mismas no son suficientes, se abren nuevas plazas para maestros y siempre hay un déficit a nivel nacional, pero esto tendremos que ir resolviéndolo con el esfuerzo de todos los hondureños".

Azcona dijo a las personas que asistieron a los actos que deben sentirse optimistas ante los enormes problemas que enfrenta el país, "porque vamos a salir adelante y nos vamos a elevar a un bienestar colectivo".

El gobernante pidió a los niños que "estudien con ahínco" y a los maestros que "se dediquen por entero en su tarea de enseñar, porque para eso les paga el pueblo a través de sus impuestos", a fin de que basemos nuestro desarrollo en un pueblo educado.

Padres de familia y alumnos de la Escuela "Miguel Andonie Fernández" agradecieron al gobernante por haberles ampliado el centro educativo. (Foto Aquiles Andino).

El presidente José Azcona saluda a una maestra de la Escuela "Miguel Andonie Fernández" a su llegada a la colonia La Era. Posteriormente el mandatario les recordó a los profesores que el gobierno les paga para que trabajen. (Foto Aquiles Andino).

El presidente José Azcona corta la cinta de inauguración de las dos aulas, que se construyeron con fondos de la Presidencia de la República. (Foto Aquiles Andino).

LA TRIBUNA/26 DE JUNIO DE 1987

POR HAMBRE ESTÁN HOLGANDO MAESTROS DE SECUNDARIA

Los maestros del Instituto Doroteo Varela, del departamento de La Paz, permanecen paralizados en sus labores como protesta contra el Ministerio de Educación Pública, que no ha cancelado los sueldos de los maestros del sistema de desgaste, así como al personal de servicio, a quienes se les adeudan los salarios por seis meses de trabajo. Dijeron que apoyan la gestión emprendida por el Colegio de Profesores de Educación Media de Honduras, pero su decisión de continuar con el paro es para llamar la atención de las autoridades educativas que, hasta ahora, no han respondido satisfactoriamente a sus demandas.

Añaden que también piden que se les mande a reparar parte de las instalaciones que recién fueron dañadas por fenómenos naturales y que, como lo afirma el COPEMH, su movimiento no es por cansancio, sino por hambre, y que lo mantendrán hasta el final.

LA TRIBUNA/26 DE JUNIO DE 1987

PRESIDENTE DE HONDURAS: ENCOMIABLE DECISIÓN DE ORTEGA

Azcona, sin embargo, insiste que son necesarias las reuniones de cancilleres

TEGUCIGALPA. - El presidente José Azcona Hoyo declaró ayer que es "importante y muy encomiable" que el presidente de Nicaragua, Daniel Ortega, haya decidido participar en la reunión de mandatarios centroamericanos que se ha fijado para el 6 y 7 de agosto próximo en Guatemala.

Azcona dijo que anteayer recibió un télex en el cual se le informa que, en el comunicado conjunto suscrito por los presidentes de Panamá, Eric Arturo Delvalle, y el de Nicaragua, Daniel Ortega, éste último se comprometió a asistir a la cumbre presidencial.

Sin embargo, el presidente Azcona insistió en que "es necesario también celebrar reuniones previas de cancilleres para afinar el documento que se pudiera suscribir en Guatemala. No es posible ir sin algún arreglo previo, eso es fácil de entenderlo, los cancilleres deben reunirse antes".

La cumbre presidencial, originalmente programada para el 25 y 26 de junio, se pospuso a solicitud del presidente de El Salvador, José Napoleón Duarte, quien argumentó que se necesitaban reuniones previas de cancilleres para afianzar el documento que suscribían los mandatarios.

La nueva fecha del 6 y 7 de agosto para celebrar la cumbre, fue fijada el 12 de este mes por los presidentes de Guatemala, Vinicio Cerezo Arévalo, y el de Honduras, José Azcona Hoyo, quienes además expusieron la necesidad de que se realicen tres reuniones previas de cancilleres, las que cuentan con el apoyo de los mandatarios de Costa Rica y El Salvador.

El presidente Azcona manifestó que la suspensión de la primera reunión de cancilleres que se llevaría a cabo ayer y hoy en Tela, "no quiere decir que no hay tiempo suficiente para celebrar las tres reuniones que convenimos con el presidente de Guatemala".

Reconoció que "estamos en un enfrentamiento ideológico fuerte en Centroamérica, eso no lo vamos a negar, y siempre que hay este tipo de enfrentamientos es un poco difícil llegar a arreglos".

No obstante, señaló que con la "buena voluntad que pongamos todos y el deseo de que haya tranquilidad en el área, yo creo que sí podemos arribar a la firma de documentos que en realidad sirvan de instrumento para lograr esa tranquilidad". (TDG).

TIEMPO/26 DE JUNIO DE 1987

SIN ARREGLO PREVIO NO HABRÁ CUMBRE PRESIDENCIAL: AZCONA

El presidente José Azcona Hoyo aclaró ayer que si no hay un arreglo previo entre los cancilleres centroamericanos "no será posible asistir a la Cumbre de Guatemala".

El titular del Ejecutivo calificó como "importante y encomiable" la decisión de su colega nicaragüense, Daniel Ortega, de estar presente en la reunión presidencial fijada para los días seis y siete de agosto.

Sin embargo, sostuvo que también es necesario que se celebren reuniones previas de cancilleres "para afinar el documento que se pudiera suscribir en la reunión presidencial de Guatemala".

"No es posible ir (a Guatemala) sin algún arreglo previo. Eso es fácil de entenderlo", agregó.

Azcona dijo que los cancilleres deben reunirse para celebrar los tres encuentros que fueron acordados conjuntamente con sus colegas de Guatemala y El Salvador.

Añadió que el fracaso de la reunión de Tela, que debió haber comenzado ayer, "no quiere decir que no hay tiempo suficiente para pulir un documento y llevar más elementos de juicio a la reunión presidencial".

Los mandatarios de Honduras y Guatemala acordaron la semana anterior en Tegucigalpa programar tres reuniones de cancilleres de la región. Esas reuniones, de acuerdo al plan, deben celebrarse en Honduras, Nicaragua y El Salvador, pero la primera de ellas no pudo llevarse a cabo ante la inasistencia de los representantes de Nicaragua y Guatemala.

Al respecto, el presidente reconoció que "estamos en un enfrentamiento ideológico muy fuerte en Centroamérica".

"Siempre que hay enfrentamientos es difícil llegar a arreglos, pero con la buena voluntad que pongamos y el deseo de que haya tranquilidad en el área creo que podemos llegar a la firma de documentos que en realidad sirvan de instrumento para lograr esa tranquilidad", concluyó Azcona.

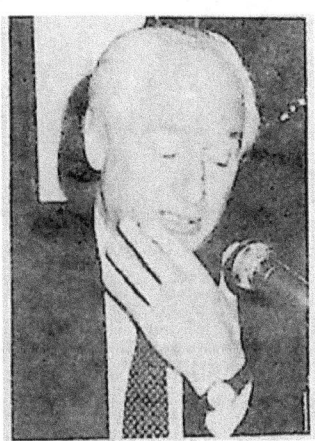

AZCONA HOYO

EL HERALDO/26 DE JUNIO DE 1987

PRESIDENTE SUGIERE CELEBRAR LAS ELECCIONES MUNICIPALES EN 1988

El presidente José Azcona Hoyo comparte el criterio del comandante en jefe de las Fuerzas Armadas, general Humberto Regalado Hernández, en el sentido de que las elecciones municipales deben celebrarse.

"El problema, según el presidente, es que ninguno de los partidos políticos cumplió con el requisito de celebrar elecciones internas dentro de los seis meses anteriores a la fecha de convocatoria".

Azcona estima que tal inconveniente vuelve imposible la celebración de las elecciones municipales antes del último domingo de noviembre próximo.

En cambio, considera que esos comicios pueden celebrarse perfectamente durante el primer semestre del próximo año, ya sea para que las autoridades edilicias electas cubran un período de cuatro años o solamente el tiempo que falta para concurrir a elecciones generales.

Azcona dijo que, aunque se reforme nuevamente la Ley Electoral no se podrían celebrar este año los comicios municipales porque "ha sido un éxito haber logrado que los pre-candidatos liberales se pusieran de acuerdo para ir a elecciones internas el primer domingo de septiembre a fin de escoger a las nuevas autoridades del partido".

"Lo importante es que lo de las elecciones municipales no aparece en la Constitución de la República, sino que se trata únicamente de un decreto de Convocatoria del Tribunal Nacional de Elecciones el cual fijaba un período de dos años para los alcaldes", según Azcona.

El presidente añadió que el error fue no haber cambiado la Ley Electoral antes de las elecciones generales pasadas a fin de que se fijaran cuatro años para las Corporaciones Municipales, tal como aparece ahora en las reformas a esa ley.

"Si hay una violación a la ley, tal violación es secundaria", finalizó.

EL HERALDO/26 DE JUNIO DE 1987

EDITORIAL
UN EJÉRCITO CONSTITUCIONALISTA ENTRE PARTIDOS TOTALITARIOS

Las Fuerzas Armadas de Honduras, en cumplimiento del mandato constitucional de "mantener la paz, el orden público, y la Constitución, los principios de libre sufragio", han comunicado al presidente de la República, ingeniero José Simón Azcona del Hoyo, su disposición a cooperar en todo lo que les corresponde para la realización de las elecciones municipales en conformidad con la ley, o sea en noviembre de este año.

El general Humberto Regalado Hernández, en su condición de jefe de la institución castrense, así se lo hizo saber al mandatario, quien ha tenido una conducta errática en relación con la celebración de los comicios municipales. En ocasiones dijo que no eran convenientes, después manifestó que su gobierno daría el dinero requerido para el cumplimiento de esta obligación constitucional, y ahora dice que tales elecciones podrían tener lugar "en el primer semestre del próximo año".

La institución militar está dando un ejemplo de democracia a los dirigentes políticos, algunos de ellos empecinados en romper el orden constitucional y otros navegando con bandera de ingenuos, pero en el fondo avalando ese atraco a las leyes de la República.

Mientras los militares siguen sufriendo la fama de "golpistas" y los políticos civiles de demócratas, la realidad en Honduras marca en estos momentos una situación inversa, casi insólita: las Fuerzas Armadas de Honduras insisten en la consolidación y pureza del proceso de democratización, y las organizaciones políticas desean que este proceso se interrumpa y se corrompa.

Los portavoces oficiales de los partidos tradicionales -callejismo y azconismo- han llegado a decir el absurdo de que quienes desean las elecciones municipales y las exigen son los izquierdistas -comunistas, para el entendimiento colectivo- Ergo, las Fuerzas Armadas de Honduras y los más notables sectores del país han caído en las garras del totalitarismo rojo.

Mientas eso ocurre, los mismos "demócratas" exigen a la Nicaragua revolucionaria -que se dispone a celebrar elecciones municipales en 1988- el respeto más absoluto a la libre determinación de su pueblo, por medio de las elecciones.

Los principales dirigentes del callejismo están ahora sacando de la manga sendas leguleyadas para justificar el rompimiento del orden constitucional. Dicen que, por respeto a la ley -¡válganos Dios! - las elecciones municipales no deben tener lugar porque los partidos políticos no celebraron las previas elecciones internas para la selección de los candidatos a las planillas municipales y, por lo tanto, no inscribieron dichas planillas.

Tienen horror los anticonstitucionalistas de violar la ley electoral, fácilmente reformable, pero no tienen hígado -como se dice vulgarmente- para violar la Constitución de la República.

El actual presidente de Honduras y el actual Congreso Nacional son producto de una situación similar, nada más que al revés. Cuando se produjo la crisis institucional de marzo/abril de

1985, para evitar el rompimiento del orden constitucional fue preciso reformar la Ley Electoral y de las Organizaciones Políticas, a fin de mantener la Ley Fundamental.

En aquel entonces, el proyecto político del gobernante era reformar la Constitución para quedarse dos años más en el poder. Las Fuerzas Armadas y las Fuerzas Vivas del país no lo permitieron, y tutelaron a los partidos políticos para que pudieran seguir gobernando el país. Así salió la llamada alternativa B, ante la imposibilidad de celebrar los comicios internos para integrar las planillas y, al mismo tiempo, cumplir con el calendario electoral fijado por la ley.

El presidente Azcona del Hoyo quiere que el orden constitucional se rompa, pero sólo unos cuantos meses. Según él, como los partidos políticos maliciosamente evadieron la inscripción electoral, a la Constitución hay que cortarle unas páginas -por esta vez, siempre por una sola vez- y luego se le pegan con "tape" unos cinco o seis meses después. Así quedaría perfectamente reparada la virginidad constitucional.

Dice, además, que el problema fue de la convocatoria, la cual fijó un período de dos años. Otros dirigentes políticos dicen, para abonar este sofisma, que ni la Constitución ni la Ley Electoral determinan el período del gobierno municipal. Y así es, por una razón simple. Porque la Constitución de la República ordena que las corporaciones municipales deben ser electas directamente por el pueblo. Es la norma general. Y la Ley de Municipalidades fija el período en dos años. La norma específica. La convocatoria a elecciones de 1985 estableció el período de las corporaciones municipales de acuerdo con la Ley de Municipalidades.

Pero lo importante es que no hay necesidad de dar tantos brincos. Las elecciones municipales puedan realizarse en noviembre, con el modelo de la alternativa B. Si se pudo así elegir el presidente de la República y el Congreso Nacional, ¿por qué no se pueden elegir las corporaciones municipales en la misma forma que en 1985?

TIEMPO/27 DE JUNIO DE 1987

AZCONA ORDENA A HACIENDA CANCELAR DEUDA A LA UPEB

TEGUCIGALPA. - El presidente de la República, José Azcona, giró instrucciones a fin de que el Ministerio de Hacienda y Crédito Público cancele la deuda que la nación tiene pendiente con la Unión de Países Exportadores de Banano (UPEB).

Honduras tiene una mora de medio millón de lempiras ante ese organismo por las cuotas que no ha cancelado en concepto de membresía.

En la anterior reunión el Consejo Administrativo de la UPEB acordó que la aportación otorgada por esa entidad a la Fundación Hondureña para la Investigación Agrícola (FHIA) se deducirá de la mora que nuestro país tiene pendiente.

Esta medida afectaría el programa de investigación genética de la variedad de banano resistente a la sigatoka negra que FHIA desarrolla en estos momentos.

TIEMPO/27 DE JUNIO DE 1987

ELECCIONES PODRÍAN REALIZARSE EN PRIMER SEMESTRE DE 1988: AZCONA

TEGUCIGALPA. - El presidente José Azcona Hoyo manifestó ayer que las elecciones municipales podrían realizarse el primer semestre de 1988, puesto que es imposible que se lleven a cabo el último domingo de noviembre del presente año.

El jefe de las Fuerzas Armadas, general Humberto Regalado Hernández, le planteó recientemente al presidente Azcona de que las Fuerzas Armadas de Honduras son partidarias de que se practiquen las elecciones municipales, en cumplimiento de la Constitución de la República.

Sin embargo, Azcona dijo que "yo creo que las elecciones municipales sí deberían celebrarse, pero el problema que hay es que ninguno de los partidos políticos cumplió con el requisito de celebrar elecciones internas dentro de los seis meses antes de la fecha de convocatoria".

Al mandatario se le recordó que las Fuerzas Armadas han ofrecido incluso su apoyo logístico para la práctica de las elecciones municipales. A lo que respondió que "en eso, estamos claros, y lo importante es que no está en la Constitución que las elecciones municipales deban celebrarse en una fecha o en otra, bien podría ser en los primeros meses del otro año para que cubran ya sea cuatro años o el período constitucional hasta elegir los nuevos alcaldes el último domingo de 1989".

El presidente Azcona dijo que al igual que las Fuerzas Armadas está de acuerdo en que se respete la Constitución de la República, "¿quién no va a estar de acuerdo en que hay que respetar la Constitución? En este caso lo que hay es un decreto de convocatoria del Tribunal Nacional de Elecciones (TNE), para la elección de alcaldes por dos años, el error fue no haber cambiado la Ley Electoral antes de las elecciones generales pasadas, para haber dejado cuatro años, como ya está en las reformas actuales, a los alcaldes", expresó.

Insistió que no es posible celebrar las elecciones municipales el último domingo de noviembre de este año, "puesto que hay que escoger los candidatos de acuerdo a la Ley Electoral, y a estas alturas, no habrá tiempo de realizar elecciones primarias para la escogencia de los candidatos a las corporaciones municipales", apuntó.

No obstante, Azcona dijo que fue un "éxito haber logrado que todos los precandidatos del Partido Liberal se pusieran de acuerdo para que el primer domingo de septiembre de este año sean las elecciones internas, para escoger las autoridades del partido". (TDG).

TIEMPO/26 DE JUNIO DE 1987

SON ENORMES LOS PROBLEMAS, PERO VAMOS A SEGUIR ADELANTE: AZCONA

Presidente inaugura aulas de escuelas de dos colonias marginales de la capital

TEGUCIGALPA. -El presidente José Azcona Hoyo dijo ayer que el crecimiento demográfico de Honduras es uno de los más altos en el mundo, lo que hace imposible al gobierno satisfacer las necesidades de la educación escolar, y excitó a los maestros que cumplan con sus funciones para lo cual el pueblo hondureño les paga.

Azcona inauguró ayer en la mañana cinco aulas escolares, dos en la escuela "Miguel Andonie Fernández" de la colona marginal La Era, y las otras tres en la escuela "España" de la colonia 30 de Noviembre.

El mandatario expresó que "no hay ningún placer más grande que poder inaugurar obras en beneficio de la niñez hondureña", reiterando que uno de los problemas más grandes que tiene Honduras, es el problema de la educación, y que jamás un país podría salir de su subdesarrollo si no se elevaba el nivel educativo de su pueblo.

Indicó que en estos 18 meses de su gobierno se han creado más de 2,000 plazas nuevas para maestros, "pero eso no es suficiente, nuestro crecimiento demográfico es uno de los más altos del mundo, se construyen nuevas aulas y no son suficientes, se crean nuevas plazas para maestros y siempre hay déficit en todas las localidades de Honduras, pero esto tenemos que ir cubriéndolo con el esfuerzo de todos los hondureños", agregó.

"Los problemas de Honduras son enormes, pero siempre lo han sido, siempre hemos sido un país pobre, pero vamos a seguir adelante y nos vamos a elevar a un bienestar colectivo con el esfuerzo de todos los hondureños, cada quien tiene que poner su grano de arena", añadió.

El presidente Azcona recomendó a los maestros a "dedicarse a la tarea para lo cual les está pagando no el gobierno, sino el pueblo hondureño, para que en Honduras podamos basar nuestro desarrollo en un pueblo educado y preparado para enfrentar los retos que tenemos en el porvenir". (TDG).

El presidente de la República José Azcona, procede a cortar la cinta simbólica con la que inauguró dos nuevas aulas de la Escuela "Andonie Fernández".

TIEMPO/26 DE JUNIO DE 1987

AZCONA ORDENA PAGO DE MORA A LA "UPEB"

El presidente José Azcona autorizó al Ministerio de Hacienda a un desembolso de medio millón de lempiras para quedar solvente con la Unión de Países Exportadores de Banano (UPEB) y que éste pueda continuar financiando a la Fundación Hondureña para la Investigación Agrícola (FHIA).

La deuda se puso en entredicho en la última reunión del Consejo Directivo de la UPEB en Panamá, donde se concluyó que entonces Honduras entregara a FHIA 300.000 lempiras adeudados por la organización, para que continuara sus trabajos de investigación.

De esta forma, el financiamiento para la FHIA tiene dos salidas: o bien se deduce del pago que hará Honduras a la UPEB o ésta lo hace directamente.

En vista de que se había anunciado que la FHIA tendría serios problemas, su director Fernando Fernández se dirigió al presidente de la junta directiva, el ministro de Recursos Naturales, Rodrigo Castillo, para que interpusiera sus buenos oficios ante el Ejecutivo a fin de que se cancelara el adeudo.

LA TRIBUNA/27 DE JUNIO DE 1987

JOSÉ AZCONA DEL HOYO: ENFRENTAMOS CON DECISIÓN Y VALENTÍA LOS PRINCIPALES PROBLEMAS DE HONDURAS

LA CEIBA. - (Carlos Moya Posas). Con ovación cerrada y de pie toda la concurrencia fue recibido en el Centro Universitario Regional del Litoral Atlántico, CURLA, el presidente de la República Ing. José Simón Azcona a donde llegó para apadrinar las promociones de Ingeniería Forestal, Agronomía y Economía Agrícola.

El mandatario, hijo predilecto de La Ceiba, se mostró satisfecho con la demostración de afecto de los asistentes que en varias oportunidades mientras les dirigía la palabra lo interrumpían con aplausos.

Improvisando sus palabras, cosa muy común en nuestro gobernante dijo lo siguiente: 'Es de enorme satisfacción para mí ser padrino de esta generación de ingenieros y economistas porque sabemos que Honduras, como lo dijo el Rector de la UNAH, es un país que depende casi exclusivamente de la producción agrícola y de la producción forestal.

Es un país cuyo territorio en un setenta por ciento es de vocación forestal, pero también es un país en que si queremos incrementar nuestras exportaciones necesariamente lo tenemos que hacer a través de los productos agrícolas agregándoles algún valor en la industrialización o sea en la agroindustria. Tenemos también que aprovechar nuestros recursos forestales para exportar la madera transformada, no solamente madera en cuartones o a veces acerrada en sus extremos, sino con algún grado de industrialización que le dé algún valor agregado que repercuta en beneficio de nuestras masas trabajadoras; por todo ello les repito, nos sentimos sumamente complacidos en esta tarde.

Tenemos que hablar necesariamente de los problemas de Honduras, puntualizó Azcona, cuando asumimos la Presidencia de la República teníamos conocimiento de esos índices que nos llenan de vergüenza y de tristeza se refería a lo expresado en una parte del discurso del abogado Oswaldo Ramos Soto en lo que se refiere a nuestro subdesarrollo. Sabíamos los problemas de educación, de salud, e infraestructura, no nos hemos arredrado ante ellos, estamos enfrentándolos con decisión, con valentía; también sabemos y lo decimos una y otra vez, que no bastará un solo gobierno, ni dos, ni tres, ni cuatro, gobiernos en Honduras, para sacar a este querido país de la situación en que se encuentra. Pero por eso no nos vamos a sentar a llorar, hay que ponerse a trabajar todos los hondureños con honestidad y dedicación para que podamos ir surgiendo de la situación de subdesarrollo en que nos encontramos. Somos muy propensos, dijo con calmada expresión, a sentarnos a lamentarnos, somos muy propensos y parece que nos gusta decir que somos el país más pobre de América. Yo no creo que seamos el país más pobre de América, este es un continente rico, la pobreza de América no se puede comparar con las pobrezas de otros continentes. Por eso en vez de lamentarnos lo que tenemos que hacer es ponernos a trabajar cada quien en su campo. Estos graduados de hoy tienen el campo más hermoso para desarrollarse y trabajar en beneficio de Honduras.

Respondiendo a la información dada por el rector universitario que este lunes la U.N.A.H. haría publicar un documento sobre la realidad nacional, el gobernante contestó así "vamos a esperar el lunes (hoy) ese documento que va a sacar la universidad; desde ahora les digo que lo espero con enorme ansiedad, y ese documento vamos a discutirlo y vamos a invitar a la Casa Presidencial, a los miembros del Consejo Superior Universitario, para que vayan a discutir con el Gabinete de Gobierno los aspectos que ellos consideran este gobierno está fallando. Corresponderemos a la publicación de ese documento con toda objetividad, como suponemos ha sido elaborado con objetividad y solamente pensando en los altos intereses de la patria". Al final de su corto discurso el mandatario agradeció con mucha humildad, las muestras de afecto recibidas de parte de los estudiantes graduados, y de la concurrencia en general. Fotos Oscar Valladares.

Mesa principal que presidió los actos de entrega de cartas de egresados a los estudiantes del CURLA en las carreras de Ingeniería Forestal, Agronómica y Economía Agrícola, cuyo padrino lo fue el presidente de la nación Ing. José Simón Azcona. (Foto Oscar Valladares).

LA PRENSA/29 DE JUNIO DE 1987

ESCOLARES VISITAN A AZCONA

TEGUCIGALPA. - Un grupo de 79 alumnos de la escuela privada de la capital, visitaron ayer al Presidente de la República, José Simón Azcona Hoyo, para conocerle personalmente.

Los infantes de la Escuela Federico Froebel, pertenecientes a las dos secciones de quinto grado, hicieron un recorrido entusiasmados por el corredor presidencial para luego saludar al Presidente.

No es la primera vez que el gobernante recibe visitas de niños, a quienes siempre les dice que se porten bien y que estudien bastante para bien de ellos y del país.

LA PRENSA/29 DE JUNIO DE 1987

EL 17 DE JULIO SERÁ LA CENA DE GALA PRESIDENCIAL DE LA CRUZ ROJA HONDUREÑA

La Cruz Roja continúa con los preparativos para la tradicional Fiesta de Gala Presidencial, la cual se realizará en el Centro Social Metro, el 17 de julio próximo.

El acto será presidido por el excelentísimo señor presidente constitucional, ingeniero José Azcona y su esposa doña Miriam, actuarán la Banda One, la Banda de la Naval y conocidos artistas nacionales.

El costo de la entrada es de L. 50.000 por persona, con derecho a cena.

LA TRIBUNA/29 DE JUNIO DE 1987

EL 17 DE JULIO SERA LA FIESTA DE GALA PRESIDENCIAL DE LA CRUZ ROJA HONDUREÑA

La Cruz Roja Hondureña realizará el próximo 17 de julio la fiesta de gala presidencial en el Centro Social Metro, presidida por el señor presidente constitucional, ingeniero José Azcona y su esposa doña Mirian en apoyo a esta benemérita institución.

La señora Meneca de Mencía, presidenta nacional de la Cruz Roja Hondureña, coordina personalmente todos los detalles para lograr que la cena de gala sea otro éxito social.

LA PRENSA/29 DE JUNIO DE 1987

GOBIERNO AYUDARÁ A CONSTRUIR ESTADIO DE LA UNIVERSIDAD

TEGUCIGALPA. - El rector de la Universidad Nacional Autónoma de Honduras, abogado Oswaldo Ramos Soto, se entrevistó el miércoles en horas de la mañana con el Ing. Simón Azcona, presidente de la República. Ramos Soto, visitó al mandatario hondureño con el propósito de mostrarle los planos de lo que será en un futuro el Estadio Olímpico de la Ciudad Universitaria.

Asimismo, Ramos Soto le ha pedido ayuda económica al Ing. Azcona, quien a la vez le prometió brindársela y cooperar en todo lo relacionado a la construcción de esta importante instalación deportiva, que a más tardar estará concluida en 1990. Se dijo que esta instalación servirá para que en ella se realicen las competencias de atletismo durante los IV Juegos Deportivos Centroamericanos a celebrar en nuestro país. LA PRENSA en días pasados publicó un reportaje relacionado a que la UNAH es la única universidad centroamericana que no tiene instalaciones deportivas, y nos satisface que el rector se preocupe ahora por los 30 mil estudiantes universitarios que ahí se educan.

El Presidente Azcona recibió en su despacho de Casa Presidencial, al rector de la UNAH, abogado Oswaldo Ramos Soto, quien entregó los planos del que será el estadio de la UNAH. (Fotos A. Salinas).

LA PRENSA/29 DE JUNIO DE 1987

POR INJERENCIA DE AID: UN FRACASO POLÍTICA ECONÓMICA DE AZCONA

***Las cifras suben, pero el problema central es el desempleo: Velásquez N.**

El ex-presidente del Colegio de Economistas de Honduras y catedrático universitario, Ramón Velásquez Nazar, afirmó que la política económica del presidente José Azcona "ha fracasado" y atribuyó gran parte de responsabilidad por esta situación a "la política intervencionista" de la Agencia Internacional para el Desarrollo (AID).

El día en que el gobierno norteamericano le quite la ayuda a Honduras, advirtió, "este país entra en quiebra porque no tenemos capacidad ni para generar nuestros productos ni cumplir con las obligaciones internacionales".

Manifestó que en Honduras la AID maneja desde un gran proyecto hasta un simple sistema de agua potable de una colonia marginal y calificó su política como "intervencionista" que ha sido aceptada por los hondureños y recordó que "toda intervención es perjudicial".

La política económica del presidente Azcona ha fracasado porque el problema central de la crisis económica en Honduras es el desempleo. Aunque se afirme que ha crecido el Producto Nacional, eso no dice que se ha aumentado el ingreso de la población, acató.

Se pueden exhibir cifras de crecimiento de las exportaciones y del Producto Nacional, señaló, pero mientras no se reduzca el desempleo no existirá una solución real, en tanto que el crecimiento de las exportaciones y del Producto Nacional son subsidiados por la AID, pero esto se hace para que Honduras pague su deuda externa.

Para elaborar y ejecutar este plan hay gente capacitada en el país, en todos los niveles, lo que pasa es que estos elementos han sido marginados, sostuvo. Velásquez Nazar aclaró que a la AID y al resto de los organismos internacionales no les interesa el desarrollo de Honduras, sino que le paguen sus deudas, lo que consigue fomentando las exportaciones del país.

La población económicamente activa es superior a los dos millones de hondureños, de los que el 50 por ciento se hallan desempleados o sub-empleados.

Asimismo, manifestó que el control de natalidad no constituye ninguna solución para la crisis, pues Honduras es un país despoblado y lo que necesita es más gente para trabajar.

Si el gobierno trabaja con el desempleo, mañana hará más bien falta gente para laborar, indicó.

LA TRIBUNA/29 DE JUNIO DE 1987

FUERZAS VIVAS, EJÉRCITO Y AZCONA ANALIZARÁN HOY OLA CRIMINAL

TEGUCIGALPA. - La desenfrenada ola de criminalidad y delincuencia será analizada por los sectores organizados del país con el presidente de la república José Azcona Hoyo y el jefe de las Fuerzas Armadas, general Humberto Regalado Hernández, en una reunión prevista para este día. De lo anterior fue informado el presidente de la Confederación de Trabajadores de Honduras, Mariano de Jesús González, quien es del criterio que tales temas deben enfocarse con la mayor seriedad.

Agrega que la delincuencia se combate en gran medida creando fuentes de trabajo, mientras al referirse a los crímenes se trata de personas empecinadas en convulsionar el país por lo que debe darse trato diferente.

Se le consultó el punto de vista sobre la pena de muerte, expresando que es discutible porque con la vigencia de una ley de tal naturaleza se puede inculpar a personas inocentes.

Empero, considera que los últimos hechos sangrientos que han enlutado a numerosas familias ameritan la debida atención del pueblo a través de sus representantes en todos los órdenes.

Según Mariano de J. González en dicho encuentro se ventilará la problemática política, económica y social que acapara la atención de los hondureños.

LA PRENSA/30 DE JUNIO DE 1987

ACUSA LA UNAH: GOBIERNO DE AZCONA ES TORPE E IRRESPONSABLE

La Universidad Nacional Autónoma de Honduras (UNAH) anunció que el país se debate en la miseria, el crimen y la corrupción debido a las pasiones desbordadas por la ambición y el poder como consecuencia de los intereses partidistas que se registran en la nación.

Señaló también que en Honduras existe un clima de inseguridad nacional y, por tanto, la criminalidad, los asaltos y crímenes calificados de "espeluznantes" revelan "la descomposición social que atenta contra la seguridad de las personas y configura un ambiente de miedo colectivo, incompatible con la vida pacífica y la tranquilidad en toda sociedad solidaria".

En un documento aprobado por unanimidad por el Consejo Universitario, la UNAH condenó "el terrorismo de grupos sectarios aislados que atentan contra vidas inocentes", tras reclamar "una investigación seria de la delincuencia común".

Sostuvo asimismo que "el desencanto cunde en la población" por la proliferación de la delincuencia política y común.

"La administración pública, aunque totalmente compartida por los dos grandes partidos tradicionales, en vez mejorar se ha sectarizado exageradamente... y en vez de dinamizarse se ha tornado torpe e irresponsable", señaló la UNAH.

Acusó además al mandatario de ser "incapaz de dar unidad y coherencia a su gobierno".

Al respecto indicó que "la administración pública es desordenada, ilógica e irregular... y varios de sus órganos, especialmente los policiales y aduaneros, experimentan evidente placer en colocarse de espaldas a la Ley".

Subrayó que el gobierno de Azcona Hoyo "luce sin brillos ni entusiasmos, concretándose a administrar la pobreza y el atraso, y absteniéndose de aplicar iniciativas audaces para enfrentar los problemas fundamentales de la nación y desatar la potencialidad de progreso de nuestro pueblo".

La UNAH manifestó su preocupación por la presencia de tropas extranjeras en Honduras, tanto norteamericanas como de rebeldes nicaragüenses, luego de señalar que esa situación compromete el espíritu de neutralidad del país, al tiempo que permite a las Fuerzas Armadas aumentar "elevadamente" su presupuesto de guerra.

EL HERALDO/29 DE JUNIO DE 1987

ADVIERTE EL PRESIDENTE: EN MI ADMINISTRACIÓN NO SE VAN A RESOLVER PROBLEMAS DEL PAÍS

LA CEIBA. - Los problemas sociales que agobian a nuestro país no es para sentarse y ponerse a llorar, aseveró el presidente José Azcona, en su discurso pronunciado durante los actos de graduación en el Centro Universitario Regional del Litoral Atlántico (CURLA).

El mandatario apadrinó la nueva promoción de egresados del CURLA, en las ramas de Ingeniería Agrícola, Ingeniería Forestal y Economía Agrícola, siendo esta la primera vez que el presidente de la nación apadrina un acto de esta naturaleza.

Luego de hacer una breve reseña de sus años de estudiante en la Universidad, el mandatario agradeció emocionado la distinción de que fue objeto, exhortando a los nuevos profesionales a poner en práctica sus conocimientos académicos.

Seguidamente el jefe del Ejecutivo dijo que tenía que hablar necesariamente de los problemas de Honduras, recordando que cuando asumió la primera magistratura, tenía conocimiento de los índices que "nos llenan de vergüenza y tristeza en lo que se refiere a nuestro sub-desarrollo".

"Sabíamos de los problemas de Educación, Salud y de infraestructura, no nos hemos arrendado ante ellos, estamos enfrentándolos con decisión y valentía y no bastará ni tres gobiernos más para sacar a este país de la situación en que se encuentra, pero por eso no nos vamos a sentar a llorar, hay que ponerse a trabajar todos los hondureños, con honestidad y dedicación, virtud que ha sido escasa en Honduras".

Reprochó que "somos muy propensos a sentarnos a lamentarnos y parece que nos gusta decir que somos el país más pobre de América; yo no creo que lo seamos y si así fuera, América es un continente rico, la pobreza de América no se puede comparar con la de otros continentes", aseveró.

Sostuvo que en lugar de lamentaciones debemos ponernos a trabajar, cada quien en su campo, a la vez que expresaba su pesar porque no se puede acelerar la solución a tantos problemas. "Tendrán que venir otros hombres y mujeres con dedicación y empeño para que podamos salir adelante con nuestras dificultades", apuntó.

EL HERALDO/29 DE JUNIO DE 1987

SITRAUNAH: JOSÉ AZCONA SIRVE A REAGAN Y A FMI

En medio de señalamientos de incumplimiento a las promesas electorales hechas al pueblo por el presidente José Azcona fue electa el sábado la nueva junta directiva de la seccional número uno del Sindicato de Trabajadores de la UNAH, resultando vencedora la planilla que encabezó Marco Antonio Moreno.

En el inicio de la asamblea, en el auditorio de la Facultad de Ciencias Médicas, se acusó: "A un año y medio de haber tomado posesión en la casa de gobierno el ingeniero Azcona, nuestro pueblo sigue esperando con desilusión el cumplimiento de las promesas hechas en las campañas electorales.

En el presente gobierno la situación económica, política y social se ha agudizado más, como resultado de la aplicación de unas líneas de acción complaciente con los deseos de la administración reaganeana.

Es evidente la crisis económica por la cual atraviesa la República, el déficit presupuestario está llegando a los mil millones de lempiras, una deuda externa que sobrepasa los cinco mil millones de lempiras, una balanza comercial deficitaria con el resto de los países, el cierre de fábricas por falta de materia prima o por estrechez de mercado son algunas de las constantes que han venido a agravar la situación de las masas trabajadoras del campo y la ciudad, a tal grado que cerca de un millón de hondureños deambulan en búsqueda de una fuente de trabajo que les garantice su subsistencia.

Al desempleo hay que agregarle que, como fruto de la política del Fondo Monetario Internacional, de la cual el gobierno de Azcona es su fiel servidor, los salarios tienden a mantenerse estáticos, mientras los precios de los artículos de primera necesidad suben cada día".

Al final de la presentación de los respectivos informes se eligió a los integrantes de la junta electoral, que dirigió los comicios. Estos fueron públicos y dieron como resultado el triunfo de Moreno con 362 votos, contra 121 que alcanzó su contendor Oscar Murillo.

Moreno, vicepresidente de la junta saliente, fue escogido también junto a 25 delegados al próximo congreso del SITRAUNAH -que se realizará del 15 al 18 de julio- y en el que se elegirá a la directiva central y los representantes a la Federación Unitaria de Trabajadores de Honduras.

La planilla vencedora la forman Moreno, presidente; Francisco Montecinos, vicepresidente; Vilma Leticia Ávila, secretaria de actas; Cristóbal Luis Flores, secretario general; Nehemías Padilla, tesorero; María Elena Cáceres, fiscal; Cristina Espinal, secretaria de asuntos femeninos y Julio Torres, secretario de asuntos juveniles, culturales, deportivos y artísticos.

NI TRES NI CUATRO GOBIERNOS SACARÁN A HONDURAS DEL SUBDESARROLLO: AZCONA

***Pero no vamos a sentarnos a llorar; hay que trabajar con honestidad y dedicación, dice*

LA CEIBA, ATLANTIDA. El presidente José Azcona Hoyo apadrinó aquí el sábado la graduación de los egresados del Centro Universitario Regional del Litoral Atlántico (CURLA) en las ramas de Ingeniería Agronómica, Ingeniería Forestal y Economía Agrícola.

El mandatario expresó su satisfacción por su designación como padrino de la nueva promoción de egresados del CURLA y habló de los problemas sociales que afrenta el país y sobre la forma en que su gobierno les da solución.

Expuso que su gobierno está "afrontando con valentía" los problemas de la hondureñidad, "pero no bastará un solo gobierno, ni tres ni cuatro gobiernos en Honduras para sacar este país de la situación en que se encuentra".

Agregó que "por eso no vamos a sentarnos a llorar; hay que ponernos a trabajar todos los hondureños con honestidad y dedicación para surgir de la situación de subdesarrollo en que nos encontramos.

Argumentó Azcona Hoyo que "somos muy propensos a sentarnos a lamentarnos y parece que nos gusta decir que somos el país más pobre de América, pero yo no creo que seamos el más pobre, y aunque lo fuéramos, América es un continente rico que en pobreza no se puede comparar con la de otros continentes".

Refiriéndose a los graduados, el presidente Azcona dijo que "hoy tienen un campo más hermoso para desarrollarse y para trabajar en beneficio de Honduras".

Apunto que está deseoso de conocer el contenido de un documento que la Universidad Nacional Autónoma de Honduras (UNAH) que, según lo anunció su rector Oswaldo Ramos Soto en el acto de graduación, publicará hoy a fin de dar a conocer las fallas del gobierno.

Azcona Hoyo dijo que "espera la publicación del documento con enorme ansiedad" para discutirlo conjuntamente con el Consejo Superior Universitario y su gabinete de gobierno, en lo que respecta a lo que "ellos consideran como fallas de este gobierno".

El presidente Azcona Hoyo se hizo acompañar al acto de graduación solamente por su secretario privado William Hall Rivera.

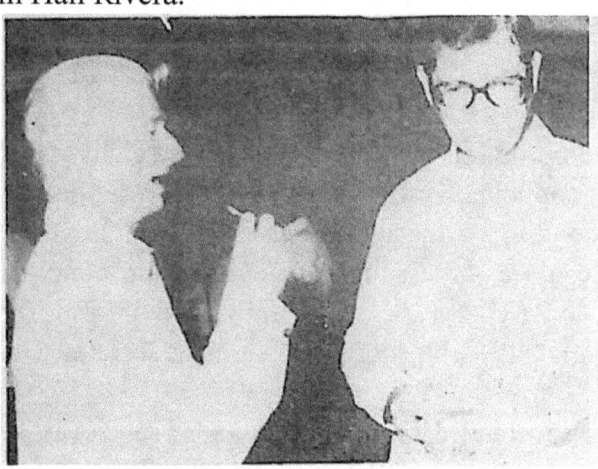

El presidente Azcona (Izq.) y el embajador norteamericano Everett Briggs charlan en su estadía en La Ceiba el fin de semana.

TIEMPO/29 DE JUNIO DE 1987

EL CÓDIGO PENAL ES FUERTE: AZCONA

Los trabajos iniciales para construir la granja penal que vendrá a sustituir a la Penitenciaría Central podrían dar comienzo en breve, según se informó ayer.

El propio presidente José Azcona Hoyo dijo que estudia la posibilidad de "aprobar algo" para que se inicien los trabajos previos, aunque no abundó en detalles sobre el particular.

Azcona se mostró partidario de que se aplique en toda su extensión el Código Penal con el fin de contrarrestar la ola delictiva que abate a la nación.

"El Código Penal es fuerte si se aplican las penas establecidas. Lo importante es que se dicten las sentencias con celeridad y que los reos sentenciados cumplan sus condenas para tranquilidad de la sociedad", sostuvo el mandatario.

Tras señalar que "es buena" la disposición del Congreso de la República para que se ejerza una mayor acción contra el crimen, Azcona recordó que en el presente año se aprobaron aumentos salariales para los agentes del orden público.

"Es bienvenido todo aquello que sea para tranquilidad de la ciudadanía y para que las Fuerzas Armadas cumplan con el mantenimiento del orden y la seguridad", dijo finalmente.

EL HERALDO/29 DE JUNIO DE 1987

DONDE MANDA CAPITAN

TANTO el presidente Azcona, como los socios del Pacto de Unidad Nacional, PUN, en el Congreso Nacional, han venido sosteniendo que no se pueden practicar elecciones municipales.

Los argumentos varían a cual mejor. Uno de ellos es que el proceso de elegir alcaldes es muy caro. No tiene el gobierno dinero para las elecciones municipales. Tiene en abundancia para mantener encaramados en los aviones a los diputados y a los funcionarios públicos, que, a costillas de los pistos del pueblo, pasan viajando de lo lindo por todo el mundo. Pero una vez computados los gastos de pasajes, de viáticos para ellos, sus esposas, parientes y amigos, no ajusta para financiar la elección de alcaldías.

Pisto hay bastante para proselitismo sectario y para querer influenciar el electorado, distribuyendo cemento, materiales de construcción, implementos deportivos, etc., etc., sacados de los presupuestos del Estado. Pero para las elecciones municipales, nones.

Para apoyar las alcaldías devolviéndole un porcentaje de los ingresos que generan no hay pisto tampoco.

Un proyecto presentado al Congreso Nacional quedó engavetado. Como alternativa, dispusieron erogaciones millonarias en concepto de subsidios políticos, que los diputados ahora, humilditos y obedientes, fueron en masa a recibirlos de manos del administrador de Casa Presidencial. Un empleado de tercera categoría del Ejecutivo, sienta en su oficina como pupilos escolares, a las más poderosas bancadas del Congreso Nacional. Que macanudo, ¿verdad? Para esos subsidios si hay pisto, pero no hay para las elecciones municipales.

Otro de los argumentos es que los partidos políticos no presentaron sus planillas en los términos fijados por la ley electoral. ¿Y cómo las iban a presentar si esos términos, contenidos en las últimas reformas que hizo el Congreso, se pusieron de tal manera que era imposible cumplirlos, con el premeditado propósito que los partidos no pudieran presentar las tales planillas?

Ahora dicen que hay que declarar las elecciones desiertas. Tan desiertas como quedará Honduras cuando la COHDEFOR y Cía. terminen de arrasar con nuestros bosques.

Así es que el PUN, se ha parado en 30 para no dejar pasar las elecciones municipales. Pero hace unos días acaba de suceder algo divertido. Los militares como que han cantado 31. El jefe de las Fuerzas Armadas ha dicho que hay que ir a elecciones municipales. Decimos que es divertido, porque no deja de ser irónico que los políticos -los demócratas del PUN- sean quienes estén atentando contra las elecciones y que vengan los militares -obedientes, apolíticos y no deliberantes- a puntualizarles la virtud de cumplir con la Constitución de la República. Habrase visto semejante cosa. Los militares a favor de las elecciones y los políticos haciendo lo imposible por detenerlas.

Como verdad en Perogrullo dicen que el ejército es subordinado al poder civil. ¡Pero ya van a ver a todos esos mandamases en el gobierno bailando el merecumbé! Sólo fue cosa que el máximo jefe militar medio insinuara el interés por la elección municipal para poner a los políticos a parir grueso.

No había terminado de hablar Regalado cuando el presidente del Congreso aparecía por una emisora diciendo que él nunca se había opuesto a que se realizaran las elecciones. Cualquier irrespetuoso se tiraría una sonora carcajada. ¡Ja, ja…ja…!

Y más volando que corriendo, los poderosos diputados de la bancada azul, se estaban comunicando vía telefónica, con su máximo líder. "Espérense", les dijo aquél. Denme para pensarlo una semana. Ya van a ver cuando regrese. Les apostamos que viene bien demócrata de Miami. Va a venir sedita, diciendo que el pisto se consigue de cualquier parte, que, si el procedimiento legar impide la elección, pues, sólo es cosa de reformar la ley… pereré… pereré… pereré…

Pero que esta postura del ejército los tiene pálidos y pensativos, no hay duda. Y quién sabe qué pueda suceder. Porque donde manda capitán, no manda marinero…

LA TRIBUNA/30 DE JUNIO DE 1987

TIA FLORENTINA Y TEMIS

POR J. RIERA

… se verá que Pepín, de un sólo golpe, ha noqueado a Temístocles…

A la luna de Valencia, soñando despierto, viviendo de ilusiones se quedará don Temis.

Pepín, el presidente, amarrándose a lo grande los pantalones ha decidido que el puertorriqueño-norteamericano don Temístocles Ramírez se vaya con la música a otra parte. Nadie, en Honduras, le dará ni un quinto en concepto de indemnización. Don Temis tendrá que conformarse con que no lo metamos a la PC por evasión de impuestos.

Don Temístocles, que del general ateniense sólo lleva el nombre podrá ir buscando otra forma de hacer dinero sin trabajar. Tal vez comprando la lotería de Nueva York, la suerte lo protege y saca el gordo. Aquí, en Honduras, a lo más que puede aspirar, es llevar buenos recuerdos de cuando él hacía y deshacía a su antojo, exportando sus vaquitas y sus terneritos sin tener que avisar a nadie ni mucho menos a los recaudadores de los impuestos.

La decisión del gobernante hondureño pondrá a don Temis más furioso que Luzbel, cuando Dios le quitó el poder y lo mandó, derechito y de cabeza, al averno. Don Temístocles ocurrirá, si es que no lo ha hecho, quejoso y lastimado ante los congresistas norteamericanos. Y éstos, podrán hacer dos cosas: mandarlo con las cajas destempladas a freír o mejor a cultivar las papas a su tierra o, atenderlo y pedir al gobierno del presidente Reagan que descapitalice a los orgullosos catrachos, no prestándoles ni un maravedí.

Por de pronto, don Temis tendrá que conformarse con las ilusiones. Se sabe que también de esperanzas vive el hombre. Estas, según el decir popular, llenan, aunque no mantienen. Pero como don Temístocles, durante su larga permanencia en las costas hondureñas debe haber hecho sus economías, pues podrá seguir comiendo de ellas, mientras aguarda, el día de recibir los veinte millones de dólares, que se supone podrían llegarle para las calendas griegas.

Antes ni qué pensar. Sin embargo, hay quienes creen que debe pagarse la indemnización a don Temis, en abonos de diez lempiras mensuales. Don Temístocles podrá pensar entonces: del lobo, un pelo. Y también que de grano en grano llena la gallina el buche. Uno peso por aquí y otro por allá, harán de don Temis, al final de la jornada, un hombre rico y poderoso. Lástima que, para entonces, aunque le regalen varios millones, gracias le servirán para comprar la caja, abrir el hoyo, enterrarlo. Y hasta decirle su oración.

Y de chascada su Requis-cat in pace… Si es que puede hacerlo.

Pepín, el presidente, ahora que ha mandado de paseo a don Temis, tal vez se decida a hacer lo mismo con sus correligionarios, los cheles. Estos andan todo "revolvidos" con las próximas elecciones internas y, posteriormente, con las presidenciales. Siete en fila, india, pretenden ocupar la silla en que ahora lo hace don José Simón.

El presidente tendrá antes que hacer un milagro para unificar las filas coloradas. Los siete - que no son los de Walt Disney- están tan divididos, que ni siquiera se dirigen la palabra, aunque sí la mirada torva, cuando por casualidad se encuentran en el Consejo, buscando consejos…

Don José Simón, tendrá que hacer de taumaturgo. Su propio entrañable amigo y designado presidencial, don José Pineda Gómez ha dicho -también nosotros lo hemos venido repitiendo- que, si los cheles continúan haciendo lo que los gatitos y los perritos, el futuro presidente de Honduras lo será el Hombre Biónico, licenciado Rafael Leonardo Callejas.

Pero, para unir a estos desunidos, habrá que hacer de mago. Los siete de la consigna se quieren tanto como los sandinistas a los contras… Y como éstos a don Daniel, no precisamente el de los leones, sino el que manda en Nicaragua…

¡Sin muchos conocimientos, don Joche Pineda Gómez podría hacer de adivino…!

LA TRIBUNA/29 DE JUNIO DE 1987

EL 17 DE JULIO SERA LA FIESTA DE GALA PRESIDENCIAL DE LA CRUZ ROJA HONDUREÑA

La Cruz Roja Hondureña realizará el próximo 17 de julio, la fiesta de gala presidencial, en el Centro Social Metro, presidida por el señor presidente constitucional, ingeniero José Azcona y su esposa doña Miriam en apoyo a esta benemérita institución.

La señora Meneca de Mencía, presidenta nacional de la Cruz Roja Hondureña, coordina personalmente todos los detalles para lograr que la cena de gala sea otro éxito social.

LA PRENSA/1 DE JULIO DE 1987

MATERNO INFANTIL DEL IHSS INAUGURARÁN HOY

TEGUCIGALPA. - El presidente José Azcona inaugurará hoy a las 11 horas el hospital "Materno Infantil del Instituto Hondureño de Seguridad Social (IHSS), ubicado en la periferia número uno del barrio "La Granja" de Comayagüela, que tiene un costo de 18 millones de lempiras.

El centro de ocho pisos con capacidad para 265 camas fue terminado en 1984, pero por razón de organización y carencia de fondos no se había inaugurado, según se explicó ayer en fuentes del IHSS.

El equipo médico que será utilizado para los nuevos servicios de salud, considerados por las autoridades de la institución como "moderno", fue donado por el gobierno de Japón, tiene un costo de cinco millones de lempiras.

LA PRENSA/30 DE JUNIO DE 1987

AZCONA INAUGURA HOY EL MATERNO DEL IHSS

TEGUCIGALPA. -El presidente José Azcona Hoyo inaugurará hoy el Hospital Materno Infantil del Instituto Hondureño de Seguridad Social (IHSS), ubicado en el barrio La Granja.

La inauguración está programada para las once de la mañana, en la cual comparecerán, además, el director del IHSS, Gonzalo Rodríguez Soto, y otras autoridades gubernamentales.

Según autoridades del Seguro Social, el costo del edificio que está compuesto por ocho plantas, asciende a 18 millones de lempiras.

Informaron que la construcción del nuevo centro asistencial fue concluida en 1984, pero por falta de dinero y aspectos de organización no se había inaugurado.

El equipo médico del Materno Infantil fue donado por el gobierno japonés con un valor de cinco millones de lempiras.

Además, cuenta con 50 médicos especializados en pediatría, ginecología y obstetricia para atender problemas de emergencia y hospitalización de niños y mujeres en estado de embarazo.

La nueva institución hospitalaria tiene capacidad para 165 camas, con el objeto de descongestionar las salas del IHSS que se encuentran en el Barrio Abajo de esta capital. (FG).

TIEMPO/30 DE JUNIO DE 1987

LE HA FALLADO LA VARITA A AZCONA: CORRALES PADILLA

La actitud de "sobresalto político" que vive el país es, según el líder democristiano Hernán Corrales Padilla, consecuencia de la movilización política iniciada al no más inaugurarse el gobierno del presidente José Azcona.

Corrales Padilla dijo que existe la situación de "sobresalto político" porque se "ha estado transcurriendo con exabruptos, con ditirambos y actitudes que alejan la tranquilidad y la paz del ánimo de los espectadores que es el mismo pueblo, que a su vez se convierte en actor".

Pero esta campaña política precoz, agregó, dentro de un contexto político regional, como el que atraviesa Centroamérica, es peor aún, porque deberíamos estar abocados al examen de la situación del área.

La solución a este problema, según Corrales Padilla, podría lograrse "acordando una tregua política".

Únicamente atendiendo una convocatoria nacional para buscarle salida al problema hondureño, es como podemos enfilar al país, adoptando una salida que sea loable para todos, arguyó.

Corrales Padilla, expresó que, si no tuviésemos la asistencia económica de los Estados Unidos, estaríamos en una situación caótica, "pero no podemos depender permanentemente de eso, aclaró, porque debemos preparar nuestros propios recursos, nuestra propia fortaleza para un futuro que estamos obligados a preveer".

Aunque calificó como "buena persona" al presidente Azcona, Corrales Padilla afirma que "a la varita de conductor de orquesta del ingeniero le ha faltado la estrellita luminosa, para poder acoplar a los disonantes, a los solistas que necesitaban una coordinación un poco más enérgica y además, porque el ingeniero Azcona no ha sido lo suficientemente previsor para elaborar una política exterior completamente nacionalista e independiente, que nos granjee el respeto, la asistencia de los países amigos".

Manifestó que "no creo que debemos, de espaldas a la realidad, no tener buenas relaciones con los Estados Unidos, pero sí creo que los propios Estados Unidos miran con ojos muy buenos a aquellos países que saben mantener una actitud en donde la soberanía y el decoro nacional son preocupación básica del gobierno".

Corrales Padilla sostiene que "estamos de rodillas" y agregó que "no sólo es necesario convencer al pueblo que se está de pie, sino hacerlo percibir esa sensación de que su país y su gobierno están erguidos ante sus aliados".

HERNAN CORRALES PADILLA

LA TRIBUNA/30 DE JUNIO DE 1987

CONSEJO UNIVERSITARIO NO REDACTÓ DOCUMENTO: AZCONA

Como un "material político subjetivo" calificó el presidente José Azcona al documento que emitió el Consejo Superior Universitario criticando su administración, razón por la que no convocará a esa autoridad educativa, ya que éste no lo redactó.

En conferencia de prensa ofrecida en las nuevas instalaciones del IHSS, el titular del Ejecutivo señaló que se sintió muy desilusionado al conocer el contenido de ese material, "porque absolutamente nada objetivo contiene".

"Creí que iba a ser un documento técnico-científico, indicó, en el que se darían parámetros, cifras, datos que confirmarían aspectos donde podríamos estar fallando y lo tomaríamos en forma positiva, incluso como guía en algunos aspectos".

Remarcó que no ve la necesidad de convocar al Consejo Superior Universitario, tal como lo anunció al conocer el sábado anterior por parte del rector Oswaldo Ramos Soto, que la UNAH publicaría tal pronunciamiento crítico.

"Creo que ha sido preparado por personas ajenas al CSU, expresó, aunque lo haya aprobado por unanimidad, presentado por el señor rector.

Lo que extraordinariamente nos llamó la atención es que trasunta una connotación ideológica que no es propia del rector de la UNAH, porque todos conocemos su ideología".

Esto puede tener dos motivos. Uno de ellos que el señor rector está inmerso en una lucha política partidarista para alcanzar la candidatura por su partido e, indudablemente, eso debe tener algún peso en la preparación de un documento que es puramente político.

LA TRIBUNA/1 DE JULIO DE 1987

AZCONA HOYO:
NO SUSCRIBIREMOS UN DOCUMENTO SINO LLEVA LA PAZ A TODA C.A.

No la habrá si sandinistas insisten en implementar una dictadura.

TEGUCIGALPA. - En Centro América no habrá paz mientras el gobierno sandinista persista en implementar una dictadura en Nicaragua, porque el pueblo nicaragüense ya no quiere dictaduras, expresó ayer el presidente José Azcona Hoyo.

Azcona dijo que su gobierno está dispuesto a que la paz sea un hecho en Centroamérica, pero no va a suscribir un documento que "no va a llevar la paz a estos países".

"Si persiste el sistema que se quiere implantar en Nicaragua, no va haber paz en Centroamérica, porque en Nicaragua sencillamente no va haber paz, como no había paz en Nicaragua en tiempos de Somoza, porque el pueblo nicaragüense no quiere dictaduras", agregó.

"Nosotros no somos los culpables, nosotros no les estamos echando tiros a los nicaragüenses, nosotros estamos muy tranquilos en Honduras, pero tenemos como 100 mil refugiados nicaragüenses que tampoco nosotros somos culpables de que esos refugiados estén en Honduras y que cada vez lleguen más", añadió.

El presidente de Azcona manifestó que "lo importante es que el gobierno nicaragüense entienda que tiene que poner su grano de arena para que haya paz en Nicaragua y que esa paz sea también una paz para Centroamérica. Alguien dijo y lo dijeron los costarricenses de que la paz no solamente pasa por Washington, sino que pasa también por Managua".

"Si la gente de Nicaragua no quiere poner su grano de arena y entender que ese es un encalbe que no lo van a dejar en paz nunca, en primer lugar, los nicaragüenses y, en segundo lugar, talvez los Estados Unidos. Me parece que están muy equivocados", insistió.

Al referirse a la cumbre de presidentes que se llevará a cabo en Guatemala el 6 y 7 de agosto próximo, el mandatario dijo que lo importante es "no ser fatalista", que, si no se consigue la paz en esa reunión, hay que "estar dispuestos a ir a cuantas partes haya que ir en la búsqueda de una solución pacífica al problema centroamericano".

Indicó que él no tiene reservas ni se opone al plan de paz del presidente costarricense, Oscar Arias Sánchez, lo que he dicho es que el Plan Arias hay que desarrollarlo y ordenarlo en cuanto a los eventos que allí se estipulan, que es muy diferente a tener reservas".

"Yo estoy de acuerdo con todos los puntos que allí se establecen, pero algunos de ellos hay que ponerlos en una secuencia un poquito más lógica, y también entender el concepto para que no queden dudas y que sea más aplicable", concluyó. (TDG)

TIEMPO/1 DE JULIO DE 1987

A UN COSTO DE LPS. 12 MILLONES:

AZCONA INAUGURA HOSPITAL MATERNO INFANTIL DEL IHSS

TEGUCIGALPA. - El presidente José Azcona Hoyo inauguró ayer el Hospital Materno Infantil del Instituto Hondureño de Seguridad Social (IHSS), que fue construido a un costo de 12 millones de lempiras y ha sido dotado de equipo médico moderno.

El edificio, ubicado en el barrio La Granja de Comayagüela, consta de 10 pisos y está diseñado para atender la demanda a largo plazo, y cuenta con 262 camas.

Asimismo, está dotado de consultorios para las especialidades pediátricas, ginecológicas y obstetricia, laboratorio clínico y patológico, banco de sangre, farmacia y sistema de ambulancia bajo control radial.

El equipo médico, cuyo valor sobrepasa los 5 millones de lempiras, fue donado por el gobierno de Japón, y este centro de salud es considerado como la unidad mejor equipada del país.

El presidente Azcona dijo que el Seguro Social es un "medio idóneo para proteger la vida y la dignidad del trabajador y, simultáneamente, una manera de elevar su salario. Es indispensable, por lo tanto, realizar un esfuerzo cada vez más grande de solidaridad nacional, a fin de que sus beneficios puedan ir extendiéndose a los sectores más débiles".

"Hemos observado con atención la mejoría impresionante que en los últimos años se ha logrado en la prestación de servicios del Instituto Hondureño de Seguridad Social, en particular en lo que se refiere a los beneficios de salientes conquistas del pueblo hondureño, y tiene la firme decisión de apoyarla en su transformación y consolidación, no sólo por el imperativo de propiciar el bienestar de la comunidad, sino como exigencia económica.

En ese sentido, indicó que su gobierno apoyará "todas aquellas medidas que, saliendo de un consenso de voluntades entre la empresa privada y el sector laboral nacional, nos sean presentadas a través de la dirección superior del Instituto Hondureño de Seguridad Social". (TDG).

Ante la presencia de numeroso público el presidente José Azcona inauguró ayer el Materno Infantil del IHSS, obra valorada en 12 millones de lempiras y que favorecerá a un gran sector del país.

Entre los asistentes a la inauguración se observa, entre otros, al designado presidencial Alfredo Fortín, al ministro de Salud Pública doctor Rubén Villeda Bermúdez y al director de la A.I.D. John Sambrailo.

TIEMPO/1 DE JULIO DE 1987

LO CALIFICA DE POLÍTICO:

DESILUSIONA A AZCONA MANIFIESTO DE LA UNAH

TEGUCIGALPA. - El presidente José Azcona Hoyo manifestó ayer que se llevó una "enorme desilusión" con el documento presentado por la Universidad Nacional Autónoma de Honduras (UNAH) sobre la situación general del país, porque "no tiene absolutamente nada de objetivo".

"Yo creí que el documento iba a ser técnico-científico donde se iban a dar parámetros, cifras y datos, que se confirmaran algunos aspectos en que nosotros estamos fallando, y lo íbamos a tomar, desde luego, en forma positiva para que nos sirviera, incluso, de guía en algunos aspectos", agregó.

"Hemos recibido ese documento con enorme desilusión –continuó- porque es un documento político y como político es subjetivo; entonces no vemos nosotros ni la necesidad de convocar al Consejo Superior Universitario, porque tal como se presenta el documento tampoco es un producto de ese consejo".

El presidente Azcona cree que el documento fue "preparado por otras personas ajenas al Consejo Superior Universitario. Lo que, sí nos ha llamado mucho la atención, extraordinariamente nos ha sorprendido, es que el documento es sí trasunta una connotación ideológica que no es propia del señor rector de la Universidad (Oswaldo Ramos Soto), porque todos sabemos la ideología de él".

Azcona recordó que el rector de la UNAH "en este momento está inmerso en una lucha política partidarista para alcanzar la candidatura por su partido, e indudablemente ese documento político tiene que tener algún peso".

Insistió que el contenido del documento "no es muy propio con la ideología que ha sustentado el rector de la Universidad", quien en la época del general Gustavo Álvarez Martínez nunca se pronunció contra la violación de los derechos humanos.

Al referirse a su liderazgo, que es criticado por el documento, Azcona recordó que cuando tomó posesión como Presidente de la República dijo que "voy a ser Presidente de todos los hondureños, no voy a manipular políticamente a mi partido, voy a respetar a los demás poderes del Estado, porque ese es un principio no solamente republicano, sino que es un principio de mi partido". (TDG)

TIEMPO/1 DE JULIO DE 1987

[Por: Hilda Alonso]

PRESIDENTE JOSÉ AZCONA Y DOÑA MIRIAM ANFITRIONES DE FIESTA DE GALA DE LA CRUZ ROJA HONDUREÑA

Gran entusiasmo existe entre el personal de la Cruz Roja Hondureña, para lograr que la tradicional fiesta de gala presidencial, sea otro éxito social, la que se llevará a cabo en el Centro Social Metro, el próximo 17 de julio, amenizada por la Banda One, Banda de la Naval, actuarán los conocidos artistas nacionales Gina Canales y Saúl.

La fiesta de gala será presidida por el señor presidente ingeniero José Azcona y su esposa doña Miriam.

TIEMPO/1 DE JULIO DE 1987

AYER VISITÓ AL PRESIDENTE:
BUEN CONOCEDOR DE HONDURAS NUEVO JEFE DE COMANDO SUR

TEGUCIGALPA. - El nuevo jefe del Comando Sur de los Estados Unidos con asiento en Panamá, general Fred Woerner, dijo ayer que tiene mucha confianza de que los Contras pueden influenciar para que Nicaragua se democratice.

El general Woerner, sustituto del general John Galvin, quien ahora se desempeña como comandante de la Organización del Tratado del Atlántico Norte (OTAN), realizó ayer su primera visita al presidente José Azcona Hoyo.

El embajador de los Estados Unidos, Everett Briggs, expresó que el general Woerner es "muy conocedor de esta región y, especialmente de Honduras".

Fred Woerner, quien habla con facilidad el español, manifestó que la situación centroamericana" está mejorando en todos los países, menos en Nicaragua, porque el problema está presente en Nicaragua".

Indico que él tiene "mucha confianza de que la Contra puede influenciar la situación en Nicaragua, y ojalá podamos llegar a un punto de democracia, que ese es el objetivo de todos los países centroamericanos".

Dijo que está totalmente seguro de que el objetivo fundamental de Guatemala, Honduras, El Salvador, Costa Rica y el mismo Estados Unidos, es encontrarle una solución pacífica al problema de Nicaragua.

Descartó una invasión a Nicaragua por parte de los Estados Unidos, porque "vamos a resolver esta situación por otros métodos". (TDG)

TIEMPO/1 DE JULIO DE 1987

EL IHSS ES UN "DESNUTRIDO" DESDE "NIÑO": RUBÉN VILLEDA

***Azcona sostiene que su gobierno no debe nada al Seguro Social*

El IHSS fue un niño desnutrido, defectuoso y carente de muchas cosas que, hasta este día, no se han superado porque los gobiernos habidos en Honduras, después de 1963, no han sabido compensar todos los bienes que en forma de actividad y energía han entregado los trabajadores.

Así lo dijo el ministro de Salud, Rubén Villeda Bermúdez, durante la inauguración del hospital materno-infantil del Seguro Social, quien subrayó que en su tiempo se careció de la inspiración necesaria para hacer que ese organismo evolucionara, pues fue desheredado de su mística y fuerza primigenia.

En la búsqueda de una terapia de recuperación se han dicho muchas cosas, algunas demasiado mercantilistas, otras irreflexivas que afectarían la entidad, pues las primeras desnaturalizarían su esencia social y, las otras, (como la exclusión del gobierno en lo que le corresponde) pretendiendo enmendar los yerros o incompetencia de gobiernos anteriores.

Remarcó que, en 1987 se alcanzan logros por mucho tiempo esperados y ello se debe, en gran parte, a la ayuda japonesa, "cuya exquisita generosidad ha sido singularmente excepcional con Honduras".

ANTITESIS A LO IZQUIERDIZANTE

Por su parte, el director del Seguro Social, Gonzalo Rodríguez, dijo que la puesta en servicio del hospital obedece a la doctrina de la seguridad social, antítesis de la filosofía izquierdizante de los pueblos y su finalidad es mejorar la calidad de los servicios que, en este campo, se prestan a los derechos-habientes y demás beneficiarios.

Señaló que dentro de esa línea de trabajo --prefijada por el ex-presidente Ramón Villeda Morales, en cuyo régimen se emitió la Ley del Seguro Social-- se ha prestado amplia atención a millones de hondureños.

Así, en 25 años de servicios el IHSS ha atendido a 15 millones de personas en consulta, más de 300 mil han permanecido hospitalizados, más de dos millones fueron tratadas en fisioterapia y rehabilitación, aparte de unos 30 millones de prescripciones médicas extendidas. Además, se han destinado más de ocho millones de lempiras a prestaciones materno-infantiles y pensiones.

MEJOR DISTRIBUCION

A su vez, el presidente José Azcona remarcó que la política social de su gobierno tiene como objetivos de carácter general la mejor distribución del ingreso nacional y el mayor acceso de las grandes mayorías a sus beneficios.

Señaló que el derecho a la seguridad social debe ser esencialmente dinámico, evolucionar de acuerdo con las circunstancias mejorando las prestaciones y ampliando, en forma constante, la posibilidad de incorporar a más hondureños a esos beneficios. "Aunque, lamentablemente, numerosos grupos que componen nuestra sociedad no tienen capacidad suficiente para aportar su contribución al actual sistema", según el mandatario.

Destacó que se hace imprescindible hacer un esfuerzo, cada vez mayor, de solidaridad nacional para que todos los hondureños, sobre todo lo más débiles, tengan acceso a esos servicios, ya que el seguro social es forma idónea para proteger la vida y dignidad del trabajador y de elevar sus ingresos.

En este sentido subrayó que en los últimos años se ha alcanzado sustancial mejoría en los servicios del IHSS, sobre todo en materia de salud, pues se han prestado en forma más coherente, integrados y de mejor calidad.

Azcona ofreció su respaldo a la transformación institucional vista como exigencia económica, "pues la redistribución de la riqueza que promueve no frena el crecimiento sino, por el contrario, lo impulsa de manera real y sostenida".

NO DEBE NADA

Luego en conferencia de prensa el mandatario dio a entender que la incapacidad gerencial de los directores y administradores que ha tenido el IHSS condujo a la pérdida de más de 100 millones de lempiras que el Estado no ha pagado a este organismo y, consecuentemente, a su crítico estado financiero.

Azcona subrayó que la ley del Presupuesto caduca cada año y lo que no pagó cualquier gobierno anterior no lo pagará su administración ni las que le sucedan, ya que no lo deben por cuanto no hay forma de obligar al deudor a satisfacer ese compromiso.

"No es cierto que el gobierno deba más de 100 millones de lempiras porque el presupuesto se liquida cada año y lo que no se pagó y no se pone en la deuda pública no impone una responsabilidad, una carga", sostuvo.

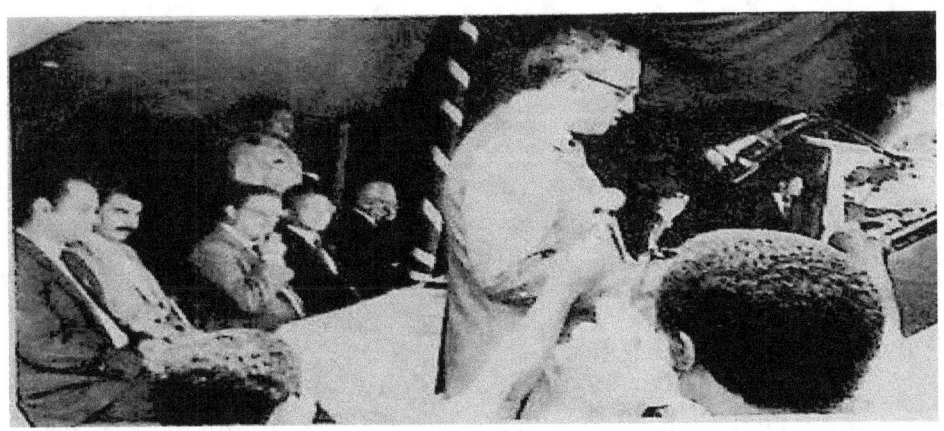

El ministro de Salud, Rubén Villeda, en su discurso de ocasión señaló que tal proyecto fue hecho realidad gracias a la ayuda de distintos organismos internacionales que estuvieron representados, así como del gobierno japonés. (Foto Andino).

Durante el recorrido por las instalaciones puestas al servicio público ayer, el presidente y el ministro de Salud responden el saludo de algunas enfermeras del IHSS. (Foto Andino).

LA TRIBUNA/1 DE JULIO DE 1987

A SUS 25 AÑOS, IHSS ABRE HOSPITAL MATERNO-INFANTIL

A los 25 años y tres meses de haberse iniciado el programa de prestaciones del Instituto Hondureño de Seguridad Social se inauguró su primer hospital materno-infantil, que construyó con el apoyo del gobierno y pueblo japonés en el barrio La Granja, de Comayagüela.

Esta obra tiene el costo aproximado de 18 millones de lempiras, 12 de los cuales se invirtieron en la edificación de todas las salas, oficinas y demás dependencias. El resto representa el costo de los equipos, donados por los nipones.

Consta de 262 camas censables distribuidas en las áreas de pediatría, ginecología, recuperación post-parto y operatorio, sala cuna y de labor.

También tiene consultorios para las especialidades pediátricas, ginecológicas y obstétricas, laboratorios clínicos y patológicos, banco de sangre, salas de expulsión y quirófanos, salas de emergencia y unidades de apoyo y diagnóstico (incluyendo radio-diagnóstico y ultrasonido).

Asimismo, está dotado de farmacia, unidad de mantenimiento del equipo biomédico, centro de mantenimiento general, lavandería, central de equipos, comedores, cocina, central de gases médicos, subestación automática de energía eléctrica, casa de calderas y agua caliente, cisternas y pozos y sistemas de bombeo.

En cada piso hay aulas, aparte de que tendrá su área de administración general y sistemas de ambulancias bajo control radial. Se le edificó en una superficie de 15 mil metros cuadrados.

En este hospital se atenderán todos los casos de índole materno-infantil, en tanto que las clínicas número uno y dos (que funcionan junto a éste y en la colonia Santa Fe, respectivamente), atenderán la consulta externa, Las instalaciones del Barrio Abajo harán lo propio en casos de especialidades y operaciones de otras naturalezas, para adultos.

El presidente José Azcona, acompañado del designado presidencial Alfredo Fortín, el ministro de Salud, Rubén Villeda B. y el director del IHSS, Gonzalo Rodríguez, corta la cinta simbólica inaugurando el nuevo complejo hospitalario del Seguro Social. (Foto Andino)

LA TRIBUNA/1 DE JULIO DE 1987

AZCONA AL INAUGURAR MATERNO INFANTIL
LEYES DE SEGURIDAD SOCIAL HAN EVITADO LA AGITACIÓN

TEGUCIGALPA. - Al declarar inaugurado el Hospital Materno Infantil del Instituto Hondureño de Seguridad Social (IHSS), el presidente de la república, José Azcona Hoyo declaró que, si no se hubiesen emitido las leyes de seguridad social, el país estaría sumergido "en un clima de agitación" y se habrían generado las convulsiones sociales en que infortunadamente han caído otros países vecinos".

A los actos de inauguración asistieron numerosas personalidades en representación del Congreso Nacional, de la Corte Suprema de Justicia, de la Junta Directiva del IHSS, gabinete de gobierno, Cuerpo Diplomático, Iglesia Católica y el Colegio Médico, además de los empleados del Seguro Social.

El complejo hospitalario que tiene un costo de 12 millones de lempiras más unos seis que comprenden el moderno equipo médico donado por el gobierno de Japón, tiene capacidad para 262 camas distribuidas en las áreas de pediatría, ginecología, recuperación, post parto, sala de cuna y áreas de labor.

Al hacer uso de la palabra el presidente de la junta directiva del IHSS y Director General, Gonzalo Rodríguez Soto, dijo que la obra, vista desde un contexto global, "es parte de un proceso de implementación".

"Es así, dijo el funcionario, que, a través de un proceso democrático, escuchando a todos los sectores involucrados estamos a las puertas de presentar a las autoridades del ejecutivo, legislativo y judicial, las bases para iniciar el proceso de readecuación que permitan establecer la política nacional de seguridad social y el papel que desempeñará en ella el IHSS para los próximos 25 años".

Por su lado, el Ministro de Salud, Rubén Villeda Bermúdez, afirmó que todos los organismos del estado que tienen como función la seguridad social de la nación deben estar estrechamente vinculados para sacar mejor provecho de los planes que en ese sentido se ejecuten.

El poder ejecutivo a mi cargo, consciente de que la seguridad social es una de las más sobresalientes del pueblo hondureño, tiene la firme decisión de apoyarla en su transformación y consolidación, dijo José Azcona, el presidente de la república.

Agregó que está consciente de que "el incremento demográfico, la continua transformación de la sociedad y la reciente complejidad de las relaciones de trabajo, hacen que el derecho a la seguridad sea esencialmente dinámico".

La construcción del hospital materno infantil del IHSS dio inicio en 1983 y finalizó en 1985, pero por razones de organización y de falta de recursos económicos, no se había inaugurado.

Momentos que el presidente de la República, José Azcona del Hoyo, corta la cinta simbólica en donde se declara la inaugurada la obra. (Foto de Aulberto Salinas)

LA PRENSA/1 DE JULIO DE 1987

MANDATARIO HONDUREÑO

EE.UU. NUNCA DEJARA EN PAZ A SANDINISTAS

TEGUCIGALPA. - EL presidente José Azcona advirtió ayer que "el enclave" que constituye Nicaragua bajo el gobierno sandinista "nunca lo dejarán en paz" los mismos nicaragüenses ni los Estados Unidos.

El mandatario reiteró que "el pueblo de Nicaragua no quiere dictaduras" y que "lo importante es que el gobierno sandinista también entienda que debe poner su granito de arena para que haya paz en Nicaragua y Centroamérica".

Recordó que el presidente de Costa Rica, Oscar Arias, cuyo plan de paz será analizado en la cumbre presidencial de Esquipulas, el 6 y 7 de agosto próximos, "ya expresó claramente que la paz de la región pasa por Washington y también por Nicaragua".

Azcona dijo que "si los gobernantes de Nicaragua no quieren poner su grano de arena y entender que ese es un enclave y que ese enclave no lo van a dejar en paz nunca, en primer lugar, los nicaragüenses y en segundo lugar tal vez los Estados Unidos, me parece que están muy equivocados".

Respecto a "Esquipulas II", comentó que "lo importante también es no ser fatalistas. No debería ser catalogada como la única reunión, esto toma un proceso y el presidente de Honduras va a ir a cuantas partes haya que ir en la búsqueda de una solución pacífica al problema centroamericano".

Recomendó que "debe haber más reuniones" además de Esquipulas II y "si no se lograra nada en agosto, pues podemos sostener otra cumbre en octubre, que tampoco debe ser definitiva".

El mandatario hondureño aseguró que "no tengo reservas" al Plan Arias, "pues estoy completamente de acuerdo con todos los puntos que allí se establecen".

Lo único, reiteró, es que "los eventos hay que ordenarlos en secuencia poco más lógica y también garantizar en realidad el fin para el cual el presidente Arias concibió el plan".

LA TRIBUNA/1 DE JULIO DE 1987

AZCONA: ESTOY EN CONTRA QUE CONGRESO NOMBRE DE "DEDO" A ALCALDES

No pueden ser cambiados porque fueron electos por el pueblo Apoyaría decisión de partidos políticos celebrar comicios el año próximo a través de la Cámara

TEGUCIGALPA. - El presidente José Azcona Hoyo dijo ayer que, si los partidos políticos deciden, a través del Congreso Nacional, que las elecciones municipales deben celebrarse el año próximo, él apoyaría esa decisión, y que estará en contra de cualquier resolución del legislativo para cambiar de "dedo" a los alcaldes.

El mandatario señaló que el Poder Ejecutivo es "muy respetuoso de la independencia de los poderes del Estado", y que no tienen ninguna facultad para modificar la ley electoral y hacer que el Tribunal Nacional de Elecciones (TNE) revoque la decisión de suspender las elecciones municipales.

Preguntado cómo es posible que se le exija a Nicaragua que se democratice si en Honduras al pueblo se le restringe el derecho a escoger a sus autoridades locales, Azcona expresó que "estas son circunstancias que yo tampoco soy el que estoy decidiendo eso, lo rechazo totalmente. Hay una circunstancia clara de la que no se puede sustraer de la responsabilidad ninguno de los cuatro partidos políticos".

"Que no venga ahora la Democracia Cristiana, por ejemplo, a decir que ella no tiene responsabilidad, porque la Democracia Cristiana no celebró elecciones internas tal como mandaba la ley electoral para escoger sus candidatos a alcaldes e inscribirlos en el TNE", agregó.

La suspensión de las elecciones municipales en Honduras no puede compararse con el sistema antidemocrático que existe en Nicaragua, porque "son cosas muy diferentes", según el presidente Azcona, puesto que "estamos hablando de elecciones municipales que, como digo, se pueden celebrar ahora o el próximo año, o también podría haberse reformado la ley antes de las elecciones para que fueran los alcaldes electos por cuatro años".

Lo que sí hay que tener cuidado es que los alcaldes, a mi modo de ver, no pueden ser cambiados porque fueron electos por el pueblo, a menos que ellos renuncien, y en eso yo sí voy a estar en contra de cualquier resolución que tome el Congreso Nacional para cambiar los alcaldes de dedo, porque, sea como sea, la Constitución de la República es clara cuando dice que los miembros de las corporaciones municipales deben ser electos por el pueblo, y en este caso sí llenan esa condición de ser electos por el pueblo aunque se les prorrogue el mandato", añadió. (TDG)

TIEMPO/1 DE JULIO DE 1987

NUEVO JEFE DEL COMANDO SUR: MEJORA SITUACIÓN EN C.A.

TEGUCIGALPA. - El general Fred Woerner, jefe del Comando Sur con sede en Panamá, declaró a los periodistas que, de acuerdo a su criterio, la situación política, económica y social está mejorando en la región, a excepción de Nicaragua, en donde existen conflictos de diversa naturaleza.

El militar norteamericano formuló declaraciones luego de dialogar media hora con el presidente de la República, José Simón Azcona, ayer tarde en compañía del embajador Everett Briggs, quien expresó ser amigo del primero desde hace mucho tiempo.

Woerner, quien sustituyó en ese cargo al general John Galvin, dijo que la visita al mandatario hondureño era de cortesía, agregando que siente mucho agrado de encontrarse en el país y que desde su cargo mantiene estrecha relación de trabajo con nuestras Fuerzas Armadas, por cuyos miembros manifestó tener "profundo respeto".

A una pregunta sobre qué vaticina acerca de un eventual triunfo de los "contras" que luchan contra el régimen sandinista, el jefe del Comando Sur respondió que tienen influencia en la situación, lo cual puede llevar a restaurar en Nicaragua un gobierno democrático, y ya que esa es la aspiración de los restantes países del Istmo.

Al comentar la situación prevaleciente en Panamá, en donde el representante norteamericano ha sido declarado non grato, contestó que eso responde a una situación interna propia de un sistema diplomático, en el cual todo país tiene derecho a expresar su opinión, tal como también en ese caso lo hizo Estados Unidos.

Afirmó que en todo caso se busca una solución pacífica al problema nicaragüense, no sólo de parte de su país, sino de las restantes naciones centroamericanas y hacia ese objetivo están dirigidos todos los esfuerzos.

Aseveró que seguirá la misma política de su antecesor el general John Galvin, con quien durante algunos años trabajó de cerca. Finalmente, ante el asedio de los periodistas, negó que hayan siquiera posibilidades de que durante su administración al frente del Comando Sur se pueda llevar a cabo la invasión contra Nicaragua.

El nuevo jefe del Comando Sur, Fred Woerner y el embajador Briggs en la entrevista con el mandatario hondureño. (Foto Salinas)

LA PRENSA/1 DE JULIO DE 1987

ESTOY EN CONTRA QUE SE NOMBRE A LOS ALCALDES DE DEDO: AZCONA

TEGUCIGALPA. - (Por Faustino Ordóñez Baca). - El presidente José Azcona Hoyo anunció ayer que su gobierno se opondrá a cualquier resolución de cambiar o poner de dedo a un alcalde municipal porque estos conservarán su condición de haber sido electos por el pueblo, aunque se les prorrogue su mandato.

Tras inaugurar el Materno Infantil del Instituto Hondureño de Seguridad Social (IHSS), el gobernante afirmó sentirse "desilusionado" por el contenido de un documento público crítico responsabilizado por el claustro pleno de la Universidad Nacional Autónoma de Honduras (UNAH), al que calificó como algo "absolutamente político y subjetivo y carente de objetividad.

Asimismo, el presidente de la República, en la rueda de prensa organizada en una sala del seguro social y al referirse a la situación político-militar de la región centroamericana, sostuvo que en el istmo "no habrá paz si persiste el sistema que se quiere implantar en Nicaragua" y reiteró la disposición de su gobierno en acudir a cualquier reunión orientada a buscar mecanismo de paz.

Azcona Hoyo no comentó detalladamente la resolución del Tribunal Nacional de Elecciones (TNE), que derogó el decreto emitido hace algunas semanas donde se convocaba al pueblo hondureño a elecciones municipales para noviembre del presente año; solo dijo que el ejecutivo respeta la interdependencia de los poderes del estado, incluido el TNE.

Reiteró su decisión de apoyar los comicios municipales los que, a su juicio, deberían desarrollarse en los primeros meses de 1988.

NO CAMBIAN ALCALDES

Una vez conocida la decisión del TNE en dejar sin efecto la convocatoria a elecciones municipales lo que posibilita la prolongación del período de los alcaldes municipales, el jefe del ejecutivo dijo que, de presentarse alguna resolución en cambiar a los munícipes, aprovechándose de alguna coyuntura, él se opondrá totalmente.

"Porque ellos seguirán manteniendo su condición de representantes del pueblo, aunque se les prolongue su mandato", subrayó el mandatario, para luego advertir que estará "totalmente en contra de cualquier resolución del congreso nacional para cambiar de dedo los alcaldes", al menos que renuncien.

MANIPULADO DOCUMENTO DE LA UNAH

Luego de afirmar que el documento de la universidad se cuestiona duramente su gobierno en aspectos de seguridad, política exterior y asuntos económicos, Azcona Hoyo dijo sentirse extrañado por el contenido del mismo en virtud de que precisa una serie de frases e identifiqué no son el vocabulario del rector universitario.

"Lo que sí nos ha llamado la atención, y nos ha sorprendido, es que el documento en sí tiene una connotación ideológica que no es propia del señor rector de la Universidad", acentuó el titular del ejecutivo.

Dado el contenido de la exposición universitaria, el gobierno central ha desistido en convocar al consejo universitario como lo había anunciado un día antes.

"Ahora no vemos la necesidad de convocarlos", subrayó.

NO SUSCRIBIRA DOCUMENTOS QUE NO CONTENGAN PAZ

Azcona Hoyo no rubricará ningún documento con otros países que no tenga como fin la paz, según reveló. "Si persiste el sistema que se quiere implantar en Nicaragua, no habrá paz en Centroamérica", sostuvo.

"El pueblo de Nicaragua no quiere una dictadura, y nosotros no somos los culpables, y no es que le estamos echando tiros a su gobierno, pero nos preocupa que en nuestro país hayan más de cien mil refugiados"

Lo importante, añadió, es que el gobierno de Nicaragua, también se interese en poner su grano de arena para que haya paz en Centroamérica".

"El presidente de Honduras, que desea la paz, está dispuesto a ir a cuantas partes sea posible en la búsqueda de una pacificación en Centroamérica, refirió el gobernante.

El presidente se mostró satisfecho con la renegociación de la deuda externa lo que dará lugar al país a obtener o incrementar los créditos del banco mundial y del fondo monetario internacional.

Honduras logró, luego de una serie de negociaciones, readecuar más de 400 millones de lempiras los que serán pagaderos en 14 años incluyendo seis de gracia.

LA PRENSA/1 DE JULIO DE 1987

AZCONA EN CAMPAÑA CONTRA LOS OBREROS, SEGÚN FUTH

Campaña anti-delincuencia, fachada para reprimir

La Federación Unitaria de Trabajadores de Honduras (FUTH) responsabilizó ayer al presidente José Azcona por la "campaña de intimidación contra dirigentes obreros" y el asalto de que fue objeto la sede de esa central obrera.

Asimismo, demandó una investigación exhaustiva de los asesinatos de dirigentes laborales y del asalto a su sede, la madrugada del lunes.

La FUTH criticó el operativo militar que desde la semana pasada puso en ejecución el ejército para combatir la delincuencia, aduciendo que "es una fachada para reprimir a las organizaciones populares".

En conferencia de prensa, el Comité Ejecutivo de FUTH dijo que extrañamente las oficinas centrales de la Federación fueron saqueadas enmedio del gran operativo militar en el propio centro de Comayagüela.

Carlos Reyes, vicepresidente, señaló que a la central de trabajadores que dirigen la tildan de comunista porque defiende los intereses y la soberanía nacional.

El dirigente sostuvo, por último, que "Honduras está como esos maridos que mandan a su mujer a ejercer la prostitución para que traiga unos centavos a la casa".

LA TRIBUNA/1 DE JULIO DE 1987

PRESIDENTE INAUGURA MATERNO DEL IHSS

A un costo de 12 millones de lempiras fue inaugurado ayer por el presidente José Azcona, el Hospital Materno Infantil del Instituto Hondureño de Seguridad Social (IHSS), dotado de la más moderna tecnología en la especialidad para brindar asistencia al binomio madre-hijo. (Foto Lobo)

TIEMPO/1 DE JULIO DE 1987

AYER VISITÓ AL PRESIDENTE
MUCHA CONFIANZA EN CONTRAS TIENE JEFE DE COMANDO SUR

El general Fred Woernes, nuevo jefe del Comando Sur de Estados Unidos con sede en Panamá, afirmó ayer en esta capital que los problemas político-militares que enfrenta Centroamérica deben ser resueltos mediante negociaciones.

El alto jefe militar norteamericano hizo una visita de cortesía al presidente José Azcona, acompañado por el embajador Everett Briggs, quien dijo que el general Woernes "es una persona que conoce muy bien la región centroamericana".

Woernes, quien sustituye en el Comando Sur al general John Galvin, expresó que se observa una mejoría en los problemas que han venido enfrentando el resto de países del área, con excepción de Nicaragua donde no existe democracia.

"Yo tengo mucha confianza, señaló, que los contras puedan influenciar para que en Nicaragua se alcance la democracia que es el objetivo principal de mi gobierno y de los países centroamericanos".

Afirmó que el gobierno de Estados Unidos busca una solución pacífica al conflicto centroamericano. "Creemos que todavía es posible resolver pacíficamente el caso de Nicaragua".

El general Woernes descartó una probable invasión a Nicaragua. "De ninguna manera vamos a invadir Nicaragua. Vamos a resolver esa situación por otros métodos", expresó.

Durante los últimos cuatro años, el general Woernes fungió como el jefe del Ejército norteamericano en el Comando Sur, bajo las órdenes de los generales Paul Gorman y John Galvin, mientras el embajador de Estados Unidos en Panamá era Everett Briggs.

Respecto al enfrentamiento verbal entre el Ejército de Panamá y el Senado norteamericano, el general Woernes comentó que "esa es una situación interna de Panamá. En los sistemas diplomáticos un país tiene el derecho de expresar su opinión sobre otro. Estados Unidos lo ha hecho y lo mismo ha hecho Panamá".

El general Fred Woernes, nuevo jefe del Comando Sur de Estados Unidos en Panamá abandona la Casa de Gobierno acompañado por el embajador Everett Briggs. (Foto Aquiles Andino).

LA TRIBUNA/1 DE JULIO DE 1987

ARRIAGA IRAHETA:
AZCONA NO DEBE CEDER ANTE TEMÍSTOCLES

*** *Transacción de esas tierras fue ilegal, dice*

TEGUCIGALPA. - El gobierno de José Azcona no debe ceder a la pretensión del norteamericano Temis Ramírez de que se le paguen 20 millones de dólares por la afectación de las tierras donde se instaló el Centro Regional de Entrenamiento Militar (CREM) en 1983, dijo ayer el ex-ministro de la Presidencia Ubodoro Arriaga Iraheta.

Arriaga Iraheta, formó parte en el régimen de Roberto Suazo Córdova de una comisión integrada por las Fuerzas Armadas, el Instituto Nacional Agrario (INA) y el ex-asesor presidencial Gustavo Adolfo Alfaro, quienes evaluaron las tierras expropiadas a el ranchero puertorriqueño.

El ex-funcionario que compareció ayer ante una comisión especial del Consejo Nacional que investiga el asunto, reveló que en el régimen anterior se valoró en poco más de 4 millones de dólares las mejoras introducidas en las tierras propiedad de Temis.

Explicó que el gobierno de Suazo Córdova no llegó a un arreglo con Ramírez debido a que éste hacía la demanda exagerada de 20 millones de dólares.

Dijo que la transacción de estas tierras fue ilegal. Según Arriaga Iraheta, las tierras fueron trasladadas a Ramírez a pesar de que la Constitución prohíbe que extranjeros posean tierras a 40 kilómetros de la frontera terrestre o marítima.

"El gobierno no tiene por qué ceder a ninguna de esas cosas", dijo el ex-ministro de la Presidencia al referirse a la posición que debe asumir el gobierno ante las presiones que hacen senadores norteamericanos para que Honduras indemnice a Temis.

UBODORO ARRIAGA

TIEMPO/1 DE JULIO DE 1987

AZCONA: NO A LOS ALCALDES DE DEDO

El presidente José Azcona anunció que se opondrá a cualquier resolución del Congreso Nacional encaminada a elegir de dedo a los alcaldes municipales, una vez que venza el periodo para el que fueron electos "porque sea como sea, llenan la condición constitucional de haber sido electos por el pueblo".

En forma tajante, el mandatario señaló que ningún partido se puede sustraer al grado de culpabilidad que tiene frente a la imposibilidad de realizar estos comicios, ya que ellos no efectuaron sus elecciones internas para escoger sus respectivos candidatos.

Esto era requisito previo para ir ante el Tribunal Nacional de Elecciones, después que éste convocó para tal fin. Señaló que la Democracia Cristiana ha hecho cargos infundados, ya que las circunstancias que median no corresponden al presidente decidirlas.

Resaltó que esos comicios pueden realizarse en cualquier tiempo, aunque también pudo reformarse la Ley Electoral a fin de prolongar a cuatro el número de años en el ejercicio de ese cargo municipal.

"En lo que hay que tener cuidado es que, a mi modo de ver, los alcaldes no pueden ser cambiados porque fueron electos por el pueblo, a menos que ellos renuncien".

"Yo estaré en contra de cualquier resolución que tome el Congreso Nacional para cambiarlos de dedo porque, sea como sea, la Constitución de la República es clara cuando dice: "Los alcaldes municipales deben ser electos por el pueblo", y en este caso, llenan esa condición, aunque se les prolongue su mandato", recalcó.

Azcona: En contra de que los alcaldes sean cambiados de dedo...

LA TRIBUNA/1 DE JULIO DE 1987

ANDEPH LOGRA DE AZCONA REINTEGRO DE COMPAÑEROS

Satisfechos salieron directivos de la Asociación Nacional de Empleados Públicos de Honduras (ANDEPH) luego de entrevistarse con el presidente José Azcona, a quien le plantearon una serie de problemas como despidos y pago de prestaciones a empleados cesantes.

Obdulio Chévez, presidente de la ANDEPH, manifestó luego de la cita con el presidente que se logró el reintegro de dos miembros de la directiva de esa organización, despedidos de la Dirección de Servicio Civil en forma arbitraria, según declaró el entrevistado.

El mandatario, dijo el dirigente, nos expresó respecto al caso de otros despedidos de distintas dependencias que él, personalmente, se comunicaría con algunos ministros para que se proceda de inmediato a responder a estos reclamos.

154

Otro hecho, expresó Chévez, es el problema que se presenta con el pago de prestaciones a empleados que ganaron su sentencia, de acuerdo a derecho, y ha transcurrido demasiado tiempo sin que los ministerios hayan cumplido con la cancelación de dichos pagos. A esto el presidente se mostró consciente y nos dijo que los mismos se harían lo más pronto posible, apuntó Chévez.

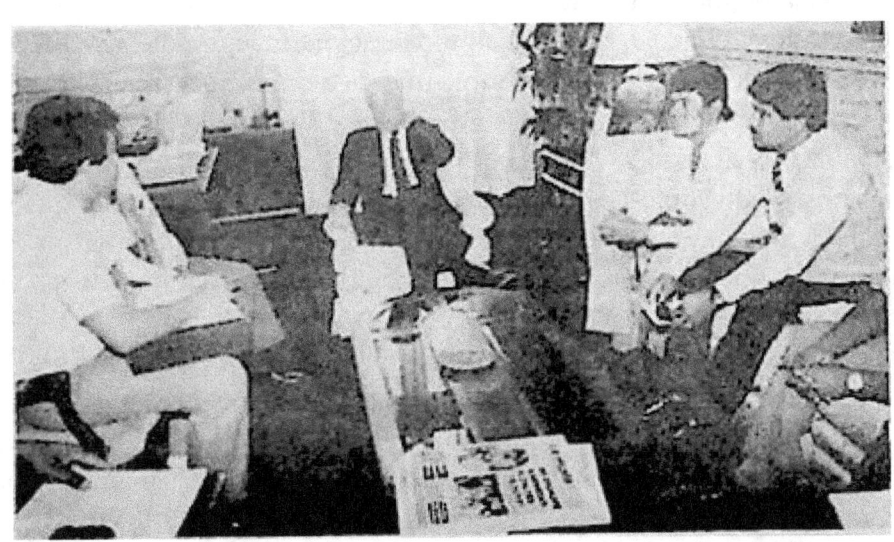

LA TRIBUNA/2 DE JULIO DE 1987

EDITORIAL
UN MENSAJE DE LA UNAH A LA CONCIENCIA NACIONAL

La Universidad Nacional Autónoma de Honduras (UNAH) ha publicado un manifiesto "a la conciencia del pueblo hondureño", que registra un panorama nacional dramático: el de "un país que se debate en la miseria, el crimen y la corrupción, como símbolo de una época que debió ser de rectificaciones ejemplares".

El notable documento -firmado por el rector, abogado Oswaldo Ramos Soto, y aprobado unánimemente por el Consejo Universitario- ha impactado a la opinión pública por la claridad de la exposición y por la objetividad en las apreciaciones.

Un portavoz del gobierno, sin embargo, ataca al manifiesto por las fuertes críticas al gobierno. "Fue redactado –dice- con una fuerte dosis de demagogia política" y, por lo tanto, "es torpe e irresponsable".

Los temas abordados son todos claves: inseguridad nacional (un clima de descomposición social que atenta contra la seguridad de las personas y configura un ambiente de miedo colectivo), economía nacional (déficit fiscal persistente... gasto dispendioso de ciertas dependencias del Estado... transferencia de recursos del Estado para ciertos sectores de la empresa privada... en el comercio exterior, déficit estructural persistente, acumulativo y no autoliquidable en la balanza de pagos).

También, proceso democrático (la falta de participación popular es más evidente en el funcionamiento de los partidos... camarillas sectarias niegan la participación popular... la pretensión de suspender las elecciones municipales forma parte de esta escalada antipopular...)

Liderazgo del presidente (el gobierno del presidente Azcona luce sin brillos ni entusiasmos, concretándose a administrar la pobreza y el atraso y obteniéndose de iniciativas audaces para concebir y desarrollar una política económica que aborde los problemas fundamentales de la nación).

Educación y Cultura (el maestro no está cumpliendo su función patriótica, formativa de una conciencia hondureñista… los planes de estudio en los niveles primario y secundario no están diseñados para formar hombres para la democracia, la independencia y la solidaridad).

Finalmente, lo relativo a política exterior:

"Preocupa a la Universidad el hecho que esta administración, inaugurada hace cerca de año y medio, carezca de una verdadera política exterior, que al tiempo que sirva para defender el conjunto de intereses básicos de nuestra sociedad, proyecte eficazmente la imagen de la nación en el concierto del mundo civilizado".

"En lo que hemos observado como gestión exterior ha sido obvio el hecho de que los líderes del gobierno, no han estructurado alrededor de una política independiente que, sin renunciar a las naturales alianzas a que obligan la vida independiente de las naciones, sirva para personalizar e identificar a nuestro país".

"Por el contrario, igual que durante la administración anterior, el gobierno del ingeniero Azcona Hoyo se ha contentado en seguir los vaivenes de la política exterior norteamericana, con el agravante que en el último año los conflictos partidarios y la lucha por el poder en los Estados Unidos han hecho ostensibles las irregularidades en el comportamiento de la política exterior de Honduras. De modo que, si en el cercano pasado era claro lo que buscaban los Estados Unidos y sus aliados en la región, ahora el conflicto de poderes entre el Congreso y el Ejecutivo de la nación del Norte hace confusa la política exterior del principal aliado de nuestro país, obligando a Honduras a participar en esa confusión".

"Seguir como hasta ahora, con una política de adhesión a las posiciones de los Estados Unidos, que en la medida en que pase el tiempo se tornará más inconsistente, hará correr a Honduras innecesarios riesgos y peligros que se pueden evitar".

El portavoz de Casa presidencial ya ha dicho que los firmantes del documento son enemigos del gobierno. Con ello queda resulta la cuestión. Sólo falta que el canciller López Contreras acuse al rector de la UNAH y al Consejo Universitario de estar alineados con el régimen sandinista y, por lo tanto, culpables de "un comportamiento extraño, para calificarlo de alguna manera".

TIEMPO/1 DE JULIO DE 1987

TRIBUNA DEL PUEBLO
AZCONA Y LOS CANDIDATOS

Aunque el presidente Azcona había manifestado su propósito de mantenerse al margen de las luchas partidaristas de los liberales, se ha visto obligado a tomar la participación que le corresponde para tratar de armonizar a los aspirantes a la candidatura presidencial.

Si se integra el Consejo Central Ejecutivo del Partido Liberal con los 7 precandidatos será un fracaso, porque ninguno cederá acreditar su popularidad.

Uno solo será el candidato oficial del liberalismo y si realmente queremos derrotar al adversario todos debemos apoyarlo, aunque no sea nuestro escogido.

Como todos pretenden continuar beligerantes en el próximo gobierno y de acuerdo con la ley de elecciones, bien puede cada uno de ellos, además de pretender la presidencia de la república, encabezar las planillas de diputados de su departamento asegurando así mantenerse en la burocracia política.

El nacionalismo no duerme y si sufrimos una derrota por la intransigencia de uno o la terquedad de otros todos lamentaremos nuestra ceguera en política y se confirmará que los liberales en la llanura somos unidos y gobernando no lo podemos. Quiera Dios la intervención oportuna del Ing. Azcona les haga recapacitar a los precandidatos.

Dr. Manuel Carrasco Flores
Comayagüela, D.C.

2 DE JULIO DE 1987

EN TENNIS INTERNACIONAL: AZCONA SE ENFRENTARÁ A LOS CHINOS

TEGUCIGALPA. - El próximo martes siete del presente, arribará a esta capital, la selección Olímpica de China de tennis de mesa, para hacer varias presentaciones en esta capital y San Pedro Sula, bajo el patrocinio de la embajada de ese país acreditado aquí, así como de la Asociación Hondureña de Tennis de Mesa ASHOTEM, que encabeza Keneth Rivera.

Los taiwaneses debutarán un día después en el gimnasio Nacional, ofreciendo una demostración a las escuelas y colegios de la capital que ya fueron invitados en su oportunidad por la oficina de Educación física y deportes.

El jueves 9, se harán presentes en San Pedro Sula, lugar en el cual realizarán el mismo trabajo que un día atrás podrían haber hecho en Tegucigalpa como ser: demostraciones a los escolares de ese sector.

En la antesala del fin de semana, empezarán las presentaciones oficiales contra jugadores hondureños. El viernes a las dos de la tarde, en el local de la Asociación Hondureña de Tennis de Mesa localizada al costado norte de la casa de gobierno, los tennistas chinos serán objeto de un homenaje en el cual estará el presidente de la república, amante de este deporte.

En horas de la noche, siempre del mismo viernes, los seleccionados chinos enfrentarán a varios jugadores hondureños entre los que figura gente de los consulados, embajadores y otras personalidades que recientemente participaron en un torneo que denominaron "para gente grande" y que fue ganado por el mandatario hondureño en forma invicta.

Según la información el presidente Azcona será el encargado de inaugurar todas las presentaciones que la selección de China realice en esta capital y a la vez él, en forma privada, ofrecerá un convivio a tan dignos visitantes.

El mandatario hondureño, gran raqueta en tennis de mesa será el gran anfitrión de la selección China de este deporte que llega en gira promocional a Honduras el próximo martes.

EL HERALDO/2 DE JULIO DE 1987

CONGRESO PREPARA ANTEPROYECTO PARA PRORROGAR MUNICIPALIDADES

TEGUCIGALPA. - Un anteproyecto de lo que será el decreto de ley que prorrogue, el período de las autoridades municipales preparan los diputados de las bancadas mayoritarias del Partido Nacional y Liberal en el Congreso Nacional.

El referido decreto se está elaborando en base a dos opciones, la primera de ellas es que el período actual sea ampliado a cuatro años previendo las sustituciones sólo en base a las renuncias, de los ediles.

Y una segunda opción que faculta a los partidos políticos para que ejecuten las sustituciones de todos los alcaldes que ellos quiebran, cumpliendo únicamente con el requisito de librar la comunicación al ministerio de Gobernación para que a su vez este organismo la curse al presidente José Azcona.

Un grupo de diputados está de acuerdo en que todos los alcaldes deberán quedarse, tratando de identificarse con la posición del presidente José Azcona.

Pero los diputados de la bancada montoyista y un grupo de callejistas piensan que lo mejor es cambiar de "dedo" los alcaldes.

LA PRENSA/2 DE JULIO DE 1987

FRENAR DESPIDOS SECTARIOS PIDE ANDEPH AL PRESIDENTE AZCONA

La Junta Directiva de la Asociación Nacional de Empleados Públicos (ANDEPH), solicitó ayer al presidente José Azcona Hoyo que ponga fin a la ola de despidos que practican algunos funcionarios gubernamentales.

El presidente de la ANDEPH, Obdulio Chévez, dijo al término de la entrevista con el mandatario que "ciertos funcionarios están abusando de la confianza que les ha delegado el presidente".

"Esos funcionarios están despidiendo, en forma irresponsable y arbitraria, a nuestros compañeros y por ello los denunciamos ante el presidente Azcona", dijo Chévez.

Sin embargo, no proporcionó los nombres de los funcionarios represores, aunque, hace unos días, la ANDEPH acusó al director de Servicio Civil, Donaldo Valladares, de despedir a tres dirigentes de la organización al margen de la Ley de Servicio Civil.

Chévez indicó que otra de las preocupaciones planteadas por el presidente se refiere a la actitud asumida por algunos ministros que ni siquiera contestan las demandas que se les hacen por despedir arbitrariamente a sus empleados.

El presidente de los servidores públicos reconoció que algunos de los despidos tienen un carácter político-sectario y que el titular del Poder Ejecutivo ya tiene una lista de los funcionarios que practican despidos de esa naturaleza.

Por otra parte, Chévez sostuvo que la nueva directiva de la ANDEPH procura independizar a esa organización del entreguismo que la caracterizó anteriormente.

LA ANDEPH cuenta con más de 24 mil afiliados en toda la República, cada uno de los cuales cotiza un lempira mensual a la Asociación.

Sobre el particular, Chévez dijo que la directiva está tratando de recuperar la confianza en la organización, sobre todo en el manejo de los fondos ya que, en el pasado, hasta algunos subsidios del gobierno desaparecieron.

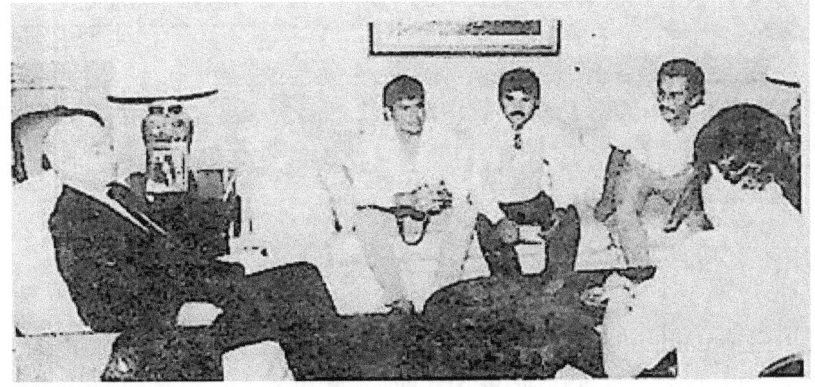

Los miembros de la ANDPH de reunieron con el Presidente para plantearle la necesidad de frenar una serie de despidos de carácter sectario que se están dando en la administración pública (Foto Sabillón)

EL HERALDO/2 DE JULIO DE 1987

RECIBE CARTA DE EGRESADO

En ceremonia especial realizada en la Biblioteca Caroline Bodine de Vásquez, se llevaron a cabo el sábado en horas de la tarde los actos de entrega de Cartas de Egresados de las Carreras de Economía Agrícola, Ingeniería Forestal e Ingeniería Agronómica del Centro Universitario Regional del Litoral Atlántico, en cuya ocasión recibió su Carta de Egresado como licenciado en Economía Agrícola el joven Roger Montalván, hizo la entrega el señor presidente José Azcona del Hoyo, padrino de la Promoción, tal como lo captó la cámara de Magdalena Velásquez.

TIEMPO/3 DE JULIO DE 1987

REITERA PRESIDENTE DEL CONGRESO: NOMBRAMIENTOS TIENEN QUE SER DE DEDO

***Azcona tendrá que aceptarlo*

TEGUCIGALPA. - El presidente José Azcona Hoyo tendrá que aceptar la designación "de dedo" de los alcaldes municipales, aseguró ayer Carlos Montoya.

El presidente del Poder Legislativo dijo que, si el Congreso Nacional aprueba un decreto en ese sentido, Azcona tendrá que aceptarlo.

"Él es un servidor del Estado, la ley está por sobre todos nosotros y la obligación es cumplirla", dijo el político, quien recalcó que los "nombramientos tienen que ser de dedo".

Montoya dijo que lo ideal sería que los alcaldes electos en 1985 continúen en sus cargos, pero dijo que se tendrán que llenar vacíos por renuncias o muertes.

Dijo que, si no hay elecciones, entonces los partidos políticos, a través de sus directivas, propondrían al Ejecutivo el cambio de alcaldías o su ratificación.

Dijo que esa sería responsabilidad de cada una de las autoridades de los partidos.

Montoya aseguró que él no tiene nada personal en contra del alcalde de San Pedro Sula, Jerónimo Sandoval y que al decir que el 28 habrá un nuevo alcalde, lo hace basándose en que el actual cumplirá su promesa de no continuar ni un día más al cumplir los dos años para los que fue electo.

"Mi problema con el señor Sandoval no es político, no es personal porque le tengo estimación", dijo Montoya.

Al referirse a la posición de Carlos Flores en cuanto a los comicios municipales, recordó que éste cuando era ministro de la Presidencia en el régimen de Roberto Suazo Córdova, apoyó la suspensión de los comicios.

Montoya confirmó que existe un acuerdo entre los aspirantes presidenciales liberales para celebrar comicios municipales en 1988, pero afirmó que esto será producto en definitiva de tratativas políticas entre los partidos.

El político dijo también que las comisiones políticas Azcona-callejistas ya tienen preparado un proyecto para prorrogar las autoridades municipales por un período que no precisó. (GP)

TIEMPO/2 DE JULIO DE 1987

AZCONA CANCELA VIAJE DE DOS FUNCIONARIOS

TEGUCIGALPA. - El presidente José Simón Azcona detuvo el viaje de dos funcionarios del Ministerio de Comunicaciones, Obras Públicas y Transporte, que, junto al proveedor general de la república, Ángel Gustavo Ávila, habían sido invitados por una compañía japonesa participante en la licitación más millonaria de los últimos años.

Previamente el proveedor había declinado la invitación para evitar críticas ulteriores, pues procedía de una compañía extranjera interesada en ganar la licitación, a través de la cual se proporcionará maquinaria y equipo al Ministerio de Comunicaciones, por la suma de cuarenta a cincuenta millones de dólares.

El funcionario había determinado que en su defecto viajará otro representante de la Proveeduría, pero también encontró la resistencia del mandatario, aun cuando todos los gastos serían sufragados por la compañía japonesa que invitaba.

Ávila dijo que la base de análisis para la construcción de los talleres de mantenimiento de la maquinaria que se recibirá en su oportunidad se encuentra bastante avanzada y según el dictamen de la evaluación administrativa, existen posibilidades de un 80 por ciento de compra del equipo.

Asimismo, se ha tratado lo referente a la existencia de repuestos necesarios para mantener en operación la maquinaria y habrá necesidad de adiestrar al personal respectivo y que una inversión tan cara, pero necesaria como esa, se torne rentable para el pueblo hondureño que ocupa muchas obras de infraestructura para su desarrollo integral.

LA PRENSA/2 DE JULIO DE 1987

PRESIDENTE AZCONA : "SIENTO GOZO AL INAUGURAR EMPRESAS DE PERSONAS CON FE Y CONFIANZA EN HONDURAS"

SAN PEDRO SULA. - "Siento más que gozo al inaugurar empresas de personas con fe y confianza en Honduras", dijo aquí el Presidente Constitucional, don José Simón Azcona Hoyo, luego de haber manifestado también su impresionante satisfacción durante su recorrido por las modernísimas instalaciones de los Laboratorios Farmacéuticos "FINLAY".

Al arribar desde Tegucigalpa para asistir exclusivamente a la inauguración de la expansión de esas instalaciones fabriles, el líder político de los hondureños también demostraba su incuestionable e irrestricto interés en apoyar a los sectores inversionistas y laborales que conforman el vigoroso brazo de la economía nacional.

Al reconocer el mandatario nacional que la fortaleza patriótica y espiritual de los sampedranos se traduce invariablemente en el progreso de los hondureños, donde dijo que realmente sí se hace patria, sustentó que la idea de invertir "nace del entusiasmo y del amor que hacia Honduras tienen los inversionistas sampedranos".

Visiblemente emocionado bajo ese confortable techo de producción nacional, Azcona Hoyo apuntó que esa voluntad de desarrollo es lo que hace cada día tener confianza y creer en el pueblo hondureño y sus inversionistas, tras explicar que en nuestro país no existen oligarquías, sino que ciudadanos que han progresado gracias al trabajo y desarrollo nacional.

"Los que han progresado jamás deben ser envidiados por su triunfo, sino que deben ser imitados para que todos los hondureños, seamos más prósperos, más grandes y para que seamos más provechosos", aconsejó su excelencia Azcona Hoyo.

Luego dijo que quienes podrían estar abajo y luego ascender a niveles superiores, no han sido sino con el esfuerzo y el dolor de quienes han conquistado la cima más alta de la sociedad.

Al felicitar sinceramente al presidente del Consejo de Administración de "FINLAY", doctor don Shibly Canahuati, el ingeniero Azcona Hoyo extendió su sentimiento de felicitación cuando dijo: "Y a aquél gran hombre, a aquél gran sampedrano, don Jorge J. Larach, que puso todo su empeño y todo su amor por esta Honduras que hoy estamos disfrutando tanto gracias a su esfuerzo emprendedor y visionario".

LA PRENSA/2 DE JULIO DE 1987

JOSÉ MARÍA OCHOA
"FINLAY" ES PROGRESO ACELERADO

SAN PEDRO SULA. - "Esta impresionante y modernísima tecnología farmacéutica que acabamos de observar en Laboratorios "FINLAY", no sólo demuestra que Honduras está progresando aceleradamente en ese campo", opinó el doctor José María Ochoa, subdirector aquí de Consulta Externa del Instituto Hondureño de Seguridad Social (IHSS).

El funcionario gubernamental también dijo que con la inauguración de la extensión de Laboratorios "FINLAY", en una Honduras golpeada y preocupada por la carencia de fuentes de trabajo para satisfacer la demanda de la desocupación, "surge como una especie de tónico para fortalecer el derecho laboral de los compatriotas nuestros".

Dijo el galeno que Honduras ha sido un país tradicionalmente importador de medicamentos, pero que laboratorios "FINLAY" venía a dar al traste con esa conducta perjudicial para la economía nacional, tras agregar que eso significaba el ahorro de divisas y el superar los niveles de captación de dólares por la capacidad de exportación de esa firma nacional.

"Pero lo más brillante es que estamos progresando en nuestras disponibilidades tecnológicas en materia de producción de medicamentos, lo que indudablemente beneficiará directamente a las clases menos privilegiadas que enfrentan los altos costos de las medicinas importadas", dijo finalmente el galeno.

LA PRENSA/2 DE JULIO DE 1987

COMPROMETE SU PALABRA
PRESIDENTE PAGARÁ PRESTACIONES

TEGUCIGALPA. -El presidente José Azcona Hoyo se comprometió ayer a pagar las prestaciones a unos 290 empleados públicos despedidos supuestamente por causas políticas, y otros serán reintegrados, informaron dirigentes de la Asociación Nacional de Empleados Públicos de Honduras (ANDEPH) al término de una reunión con el mandatario.

El comité ejecutivo de la organización, encabezado por José Obdulio Chévez, expuso al gobernante el problema que han afrontado en los últimos años donde se han cesanteado a un buen grupo de trabajadores irrespetando los preceptos contemplados en la ley de servicio civil.

Chévez puntualizó que dos empleados que fueron "despedidos irresponsablemente" por el actual director de Servicio Civil, Donaldo Valladares, serán reintegrados a sus puestos.

"El presidente de la República está consciente de la situación que atraviesan decenas de nuestros compañeros cuyas demandas de las prestaciones no han tenido eco en los titulares de los ministerios por lo que él se comprometió a hacer las gestiones", dijo el presidente de la ANDEPH, "hay compañeros que han ganado sus sentencias de acuerdo a sus derechos y ha transcurrido demasiado tiempo y los diferentes ministerios no han hecho justicia en pagarles las prestaciones correspondientes", subrayó Chévez.

Los empleados despedidos, en su mayoría en la administración anterior, laboraban en los ministerios de Hacienda, Obras Públicas y Transporte, Cultura y Turismo y Recursos Naturales.

"Hemos tenido una respuesta favorable de nuestro señor presidente nos vamos contentos porque nos ha brindado el apoyo", indicó el máximo dirigente de ANDEPH.

Reveló que le han ofrecido al gobernante todo el apoyo en su gestión administrativa "toda vez que sus acciones vayan encaminadas a proteger a la sociedad hondureña".

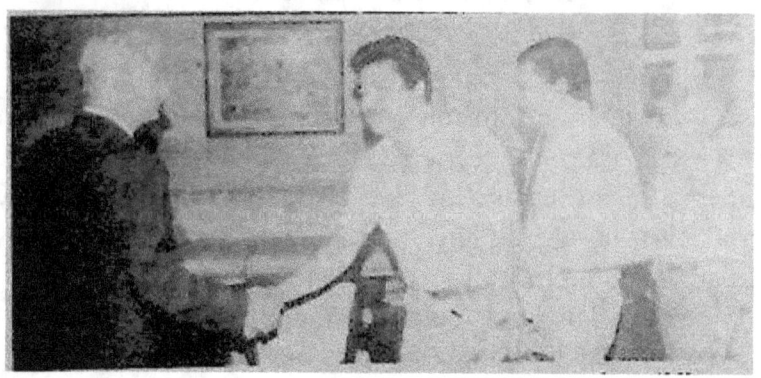

El comité ejecutivo de la Asociación Nacional de Empleados Públicos planteó ayer al presidente Azcona una serie de problemas en la Dirección General de Servicio Civil. (Foto Aulberto Salinas).

LA PRENSA/2 DE JULIO DE 1987

EDITORIAL
ALCALDES CON EL DEDO Y ANARQUÍA EN EL PAÍS

El presidente de la República, ingeniero José Simón Azcona del Hoyo, ha manifestado rotundamente su oposición al nombramiento de alcaldes "con el dedo" como dice vulgo.

"Yo estaré en contra de cualquier resolución que tome el Congreso Nacional -enfatiza el mandatario- para cambiarlos con el dedo porque, sea como sea, la Constitución de la República es clara cuando dice que los alcaldes deben ser electos directamente por el pueblo y, en este caso, los actuales llenan esa condición, aunque se les prolongue su mandato".

La lógica del presidente Azcona, naturalmente, no necesariamente es una lógica jurídica. En su posición respecto a las elecciones municipales hay una discrepancia fundamental con la Constitución, equivalente al nombramiento con el dedo, al cual aparentemente rechaza de plano.

El período para el cual fueron electos por el pueblo los alcaldes es de dos años, de conformidad con la misma convocatoria a elecciones que fijó para él un período de cuatro años en el ejercicio de la Presidencia de la República.

La razón por la que dicha convocatoria electoral fijó en dos años el mandato de las corporaciones municipales es porque así está establecido el período municipal en la Ley de Municipalidades. Por lo tanto, si estas corporaciones –por cualquier causa, llámese decreto legislativo, llámese decisión de las camarillas de los partidos tradicionales- siguen en funciones después de enero de 1988, el nombramiento será "con el dedo", independientemente de quiénes sean los alcaldes.

La cuestión es así porque ni el presidente de la República, ni el Congreso Nacional, ni los partidos políticos -ni nadie- tienen facultades para prorrogar el período del gobierno municipal. De acuerdo con la ley, terminados los dos años de funciones, los alcaldes dejan de serlo legalmente. Si continúan, entonces son alcaldes de facto. O sea, alcaldes nombrados con el dedo.

Eso está clarísimo, como transparentes son los artículos constitucionales que se refieren a la naturaleza pública del voto, su obligatoriedad, la razón de ser de los partidos políticos para garantizar la efectiva participación política de los ciudadanos, la penalidad por prohibir o limitar esta participación política a la ciudadanía, y, sobre todo, la prohibición a los partidos políticos de atentar contra el sistema republicano, democrático y representativo.

Los partidos políticos que actúan contrariando estas normas fundamentales, lógicamente, son acreedores a un castigo, y no a un premio como el que pretenden. Si la ley castiga al ciudadano que no cumple con el deber de votar, con mayor razón debe castigar a los partidos políticos, en tanto son los únicos medios de expresión electoral ciudadana, principalmente en el caso de las elecciones municipales, en donde no se permiten las candidaturas independientes.

La concertación del PUN ("Pactito" de Unidad Nacional) tuvo como telón de fondo este atraco al orden constitucional. Fue en esa oportunidad que el callejismo y el azconismo decidieron -de espaldas al pueblo hondureño- suprimir las elecciones municipales, para conveniencia del callejismo y vilipendio del Partido Liberal.

El secretario del Congreso Nacional, abogado Carlos Melara, ha hablado sin tapujos, no sabemos si con lujo de cinismo. Según él la promesa de elecciones para 1988 por parte de algunos políticos, para hacer tragar el golpe municipal, es también un engaño. El callejismo y el montoyismo han decidido ya que no habrá elecciones municipales hasta 1989, y, además, están confabulados para nombrarlas de acuerdo con sus particulares intereses.

El presidente del Congreso Nacional, licenciado Carlos Montoya, ha dicho también claramente que está dispuesto a hacer nombramientos con el dedo. Aparte de la contradicción con lo dicho por el presidente Azcona, el punto es irrelevante porque, en el fondo, la voluntad es la misma.

TIEMPO/2 DE JULIO DE 1987

PRESIDENTE DE "FINLAY"
ESTE ES PRODUCTO DEL ESFUERZO DEL GRAN DON JORGE J. LARACH

SAN PEDRO SULA. -Gratamente impresionado y teniendo enfrente a notables personalidades, el presidente del Consejo de Administración de "FINLAY", doctor don Shibli Canahuati, dijo que esa empresa "quiere por mi conducto agradecer profundamente la presencia del señor presidente de la República y sus distinguidos colaboradores que, en esta fecha tan significativa nos honran con su presencia".

En su cálido y ponderado mensaje el empresario dijo que estaban allí reunidas las "fuerzas vivas y positivas y democráticas que son, sin duda alguna, las mejores alternativas para el desarrollo de nuestro país".

"Fuerzas vivas del gobierno –apuntó Canahuati refiriendo al presidente Azcona Hoyo y a sus colaboradores allí presentes-, ya que sin una política de apoyo adecuada y definida y sin un ambiente democrático, libre de turbulencias sociales dañinas, no hubiese sido posible realizar esta expansión".

Refiriéndose a sus trabajadores como fuerza viva laboral, el anfitrión dijo que Laboratorios FINLAY y su sindicato conforman una mancomunidad de trabajo, "en quienes siempre hemos encontrado una disposición excelente de colaboración, en un marco democrático".

"Con esto nos referimos a una relación libre", explicó el inversionista, "honesta y franca, sin subordinaciones de ninguna clase, ni de parte de la empresa ni de parte de los trabajadores, como sucede en otros países que no tienen ni empresa privada, ni fuerza laboral libre y democrática".

Luego se refirió a sus homólogos inversionistas y a su función como fuerzas vivas del desarrollo socioeconómico del país, tras sostener que "FINLAY", sin regatear esfuerzos, realizó una inversión sustancial en la obtención de la moderna tecnología instalada en esos dominios fabriles.

Apuntó que con esa inversión "FINLAY" se ubica como líder en su género en Centro América, no solamente por sus óptimos niveles de control de calidad, agregando que "con este esfuerzo se está demostrando de manera fehaciente y no sólo con palabras de que creemos en Honduras, que estamos contribuyendo a ampliar la oferta de puestos de trabajo, que estamos cobrando objetivamente el autoabastecimiento en un reglón tan importante de salud, como son los medicamentos".

Al final, el doctor Shibli Canahuati expresó con profundo sentimiento y respeto: "No podíamos terminar estas palaras sin manifestar que este es un homenaje póstumo, no al gran ausente, sino al gran presente: don Jorge J. Larach (QDDG), que en su vida física fue nervio y motor de esa gran empresa y que en ella también volcó su fe y amor a Honduras.

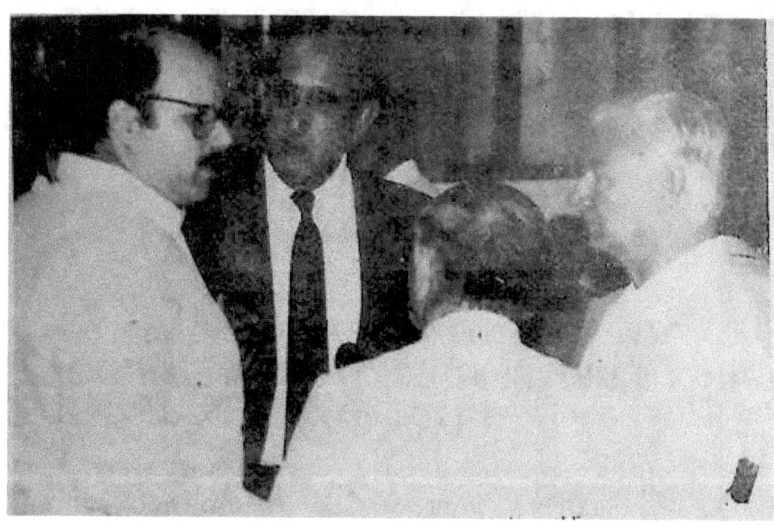

Lic. Jorge Canahuati Larach y el Dr. Shibli Canahuati en ameno diálogo con el Ing. Azcona, presidente de la

LA PRENSA/2 DE JULIO DE 1987

PIDEN AL PRESIDENTE PAGUE PRESTACIONES A EX-BURÓCRATAS

TEGUCIGALPA. - Los directivos de la Asociación Nacional de Empleados Públicos de Honduras (ANDEPH) exigieron ayer al presidente José Azcona Hoyo que ordene a sus ministros el pago de prestaciones de más de 290 trabajadores despedidos de las diferentes secretarías de Estado.

El presidente de la ANDEPH, Obdulio Chévez, dijo que los trabajadores fueron despedidos durante el gobierno anterior y en lo que va de la presente administración, y que algunos de ellos a pesar de que han ganado las demandas laborales en los tribunales competentes, los ministros se niegan a reintegrarlos o pagarles las prestaciones.

Indicó que la mayoría de los trabajadores fueron despedidos de los ministerios de Hacienda, Recursos Naturales, Cultura y Turismo y de SECOPT, y que el presidente Azcona prometió que se les cancelarán las prestaciones.

Asimismo, el mandatario se comprometió con la ANDEPH a reintegrar a dos directivos de esta asociación que fueron despedidos de la Dirección General de Servicio Civil.

Obdulio Chévez reconoció que la ANDEPH no ha sabido luchar por la estabilidad laboral de los empleados públicos, porque en el pasado muchos de los dirigentes de esta organización fueron "desleales e irresponsables, pero nosotros estamos tratando de independizarla de los gobiernos de turno, para que se respeten los derechos de los trabajadores. (TDG).

El presidente José Azcona se reunió ayer con directivos de la ANDEPH, quienes le solicitaron el pago de prestaciones para más de 290 trabajadores despedidos.

TIEMPO/2 DE JULIO DE 1987

CENTROS ARQUEOLÓGICOS AL MINISTERIO DE CULTURA

En una ceremonia que reviste mucha importancia cívica para el país, el presidente José Azcona del Hoyo, entregó ayer al ministerio de Cultura y Turismo (foto), varios títulos de propiedad de seis centros arqueológicos del país, que quedarán bajo la tutela del ministerio en referencia para su protección y desarrollo. (Foto de Aulberto Salinas).

LA PRENSA/3 DE JULIO DE 1987

ACLARA AZCONA: AID NO HA CONGELADO FONDOS

El presidente José Azcona declaró que la ayuda de los Estados Unidos a través de la Agencia Internacional para el Desarrollo (AID) "se sigue recibiendo en forma normal y no hay ningún congelamiento".

El mandatario desvirtuó así informaciones atribuidas al canciller Carlos López Contreras relativas a que como consecuencia de no indemnizar al norteamericano Temístocles Ramírez la AID había determinado detener la ayuda al país.

"No hay ninguna disposición de tal naturaleza", enfatizó el mandatario y lo mismo confirmó un portavoz de la Embajada de los Estados Unidos.

El mandatario se reunió ayer con el presidente del Congreso Nacional, Carlos Montoya, con quien, dijo, "hablamos muchas cosas de importancia, entre ellas el presupuesto que se le asignará a la Fuerza de Seguridad Pública".

"No hablamos de las elecciones municipales, indicó, porque ese proceso no es que se han suspendido, sino que no se realizarán el último domingo de noviembre, pues no se pueden celebrar al no haber cumplido ninguno de los partidos con los requisitos para inscribir planillas y por eso el TNE tenía que declarar desiertas esas elecciones".

El mandatario sostiene que "en estos momentos, se está confundiendo a la opinión pública, porque ahora todo el mundo quiere lavarse las manos".

La verdad es que "si hubieran concurrido a elecciones internas los dos partidos pequeños, hubieran obligado a los partidos grandes a ir a similar proceso, para escoger sus candidatos, de lo contrario se hubieran quedado fuera del proceso", manifestó.

Azcona sostuvo que los alcaldes actuales pueden continuar en sus puestos hasta que se elijan a sus sustitutos en forma democrática.

LA TRIBUNA/3 DE JULIO DE 1987

GOBIERNO RECIBE TÍTULOS DE MONUMENTOS HISTÓRICOS

Siete títulos, de monumentos históricos y antropológicos fueron entregados ayer por la Procuraduría General de la República al gobierno del presidente José Azcona para ratificar lo establecido en la Ley para la Protección del Patrimonio Cultural de la Nación.

La entrega de los documentos debidamente registrados, se efectuó en una ceremonia especial que presidió el presidente, al que acompañaron el ministro de Cultura y Turismo, Arturo Rendón Pineda, el presidente de la Corte Suprema de Justicia, Salomón Jiménez Castro, el gerente del Instituto de Antropología e Historia, Víctor Cruz, la subprocuradora general de la República, Ligia Melara de Andrade, diputados al Congreso Nacional y representantes diplomáticos.

Los títulos entregados son los del terreno del complejo arqueológico de Copán Ruinas, del fuerte San Fernando de Omoa, del conjunto histórico-religioso de Quezailica, del predio donde funcionó el instituto "Álvaro Contreras" en Santa Rosa de Copán, el antiguo cuartel militar de la ciudad de La Paz, del inmueble donde funciona el proyecto arqueológico de Sula en La Lima, Cortés.

El presidente Azcona entregó al obispo de Santa Rosa de Copán, monseñor Luis Alfonso Santos, el título del conjunto histórico-religioso de Quezailica y al ministro Rendón Pineda los de Copán Ruinas, del Fuerte de San Fernando de Omoa y la zona arqueológica de Quezailica.

Ligia Melara de Andrade entregó a su vez los del inmueble donde funcionó el instituto "Álvaro Contreras" y el terreno del antiguo cuartel militar de La Paz.

El presidente Azcona al significar el acto dijo: "En los últimos años, la conservación del patrimonio cultural ha reclamado el interés de los gobiernos y el presente régimen no es la excepción a este reclamo, que considero justo, legítimo y perentorio.

Reconoció que su gobierno conoce los problemas que atraviesan las instituciones encargadas de la protección, conservación, restauración y difusión del patrimonio cultural. "Nuestra respuesta consiste en apoyar los programas que permitan, a propios y extraños, el conocimiento de nuestra cultura ancestral y actual", comentó.

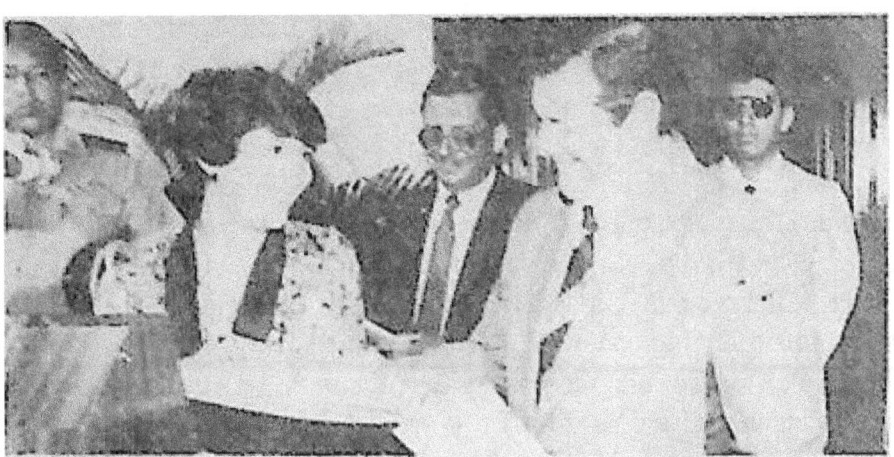

La subprocuradora general de la República, Ligia Melara de Andrade, entrega al ministro de Cultura y Turismo, Arturo Rendón Pineda, los títulos del inmueble donde funcionó en Santa Rosa de Copán el instituto Álvaro Contreras y del antiguo cuartel militar de la Paz (Foto de Aquiles Andino).

El presidente José Azcona traspasó a monseñor Luis Alfonso Santos, obispo de Copán, el título del conjunto histórico-religioso de Quezailica, y al ministro Arturo Rendón Pineda (derecha), los de Copán Ruinas, Fuerte de San Fernando de Omoa y la zona arqueológica de Quezailica (Foto de Aquiles Andino).

LA TRIBUNA/3 DE JULIO DE 1987

GOBIERNO LEGALIZA PROPIEDAD DE SIETE CENTROS ARQUEOLÓGICOS

TEGUCIGALPA. - (Por Faustino Ordóñez Baca). - En un acto presidido por el mandatario José Azcona Hoyo el Gobierno de la República legalizó ayer la propiedad de siete centros arqueológicos del país declarados patrimonios nacionales los que fueron rescatados previo un minucioso estudio.

El evento fue desarrollado en el salón Rosado de Casa de Gobierno con la presencia de representantes del Gabinete de Gobierno, del Congreso Nacional, Corte Suprema de Justicia, Iglesia Católica y Miembros del Cuerpo Diplomático.

Los Centros Arqueológicos rescatados por el Gobierno y que ahora pasan a formar parte del Patrimonio Nacional son el "Terreno del Complejo Arqueológico de Copán Ruinas", "Fuerte de San Fernando de Omoa", "Conjunto Histórico Religioso Quezailica" "Terreno del Conjunto Arqueológico de Quezailica", "Inmueble donde funcionó el Instituto Álvaro Contreras", "Antiguo Cuartel Militar de la Ciudad de La Paz", y el inmueble del Laboratorio donde funciona el Proyecto Arqueológico de Sula", en La Lima Cortés.

La Tribuna de Honor estuvo integrada por el presidente de la República, José Azcona Hoyo; el designado presidencial Alfredo Fortín Inestroza; el titular de la Arquidiócesis de Copán, Monseñor Luis Alfonso Santos, Víctor Cruz en representación del Instituto Hondureño de Antropología e Historia, Salomón Jiménez Castro, presidente de la Corte Suprema de Justicia, el Ministro de Cultura y Turismo, Arturo Rendón Pineda, y la Sub Procuradora General de la República Ligia Melara de Andrade. Los títulos de propiedad entregados ayer fueron elaborados en base a un detallado estudio ejecutado durante 1987 por el departamento de Rescate de Bienes Nacionales, dependientes de SECTUR, dirigido por el abogado Miguel Izaguirre. Estas reliquias históricas estaban abandonadas, pero ahora serán vigiladas por el IHAH. El Ministro de Cultura y Turismo Arturo Rendón Pineda explicó que la actividad se desarrolló en base a los proyectos de Gobierno de Azcona Hoyo en un afán de "proceder con responsabilidad patriótica a la Preservación y rescate del patrimonio cultural de la nación"

El presidente de la República dijo que como Gobierno y como individuo "estamos obligados a proteger este legado y alcanzar mayores dimensiones de desarrollo en el ámbito cultural".

Por su lado, el obispo de Copán Luis Santos tras recibir los documentos correspondientes a los monumentos de occidente, denunció que algunos dirigentes de comunidades se resisten a que la Iglesia Católica construya un museo para la conservación de los "tesoros" históricos porque ellos pretenden conservarlos en sus lugares lo que significa un peligro en vista de que se pueden perder.

LA PRENSA/3 DE JULIO DE 1987

170

ESTADO ADQUIERE DOMINIO PLENO SOBRE 7 MONUMENTOS NACIONALES

***Entre ellos figuran las Ruinas de Copán y el Castillo de Omoa.

La Procuraduría General de la República entregó ayer al presidente José Azcona Hoyo siete títulos de dominio pleno, en favor del Estado de Honduras, que corresponden a los principales monumentos históricos de la nación.

La ceremonia tuvo lugar en el Salón Rosado de la Casa Presidencial en presencia de altas autoridades del Gobierno Central, el presidente y magistrados de la Corte Suprema de Justicia, diputados al Congreso Nacional, oficiales de las Fuerzas Armadas, embajadores e invitados especiales.

Los títulos entregados al Estado de Honduras corresponden al terreno que ocupa el Complejo Arqueológico de Copán Ruinas, Fuerte de San Fernando de Omoa, terreno y conjunto histórico-religioso de Quezailica, Copán y antiguo Cuartel Militar de la ciudad de La Paz.

También pasaron a poder del Estado el inmueble donde funcionó el Instituto "Álvaro Contreras" de Santa Rosa de Copán y el local del laboratorio donde funciona el Proyecto Arqueológico de Sula, en La Lima, Cortés.

Sobre la trascendencia del evento, el ministro de Cultura y Turismo, Arturo Rendón Pineda, dijo que se trataba de la formalización de un acto de soberanía nacional, consagrada en la Constitución de la República.

"Los principales monumentos históricos de cuatro departamentos importantes del país quedan en forma definitiva registrados bajo el dominio pleno del Estado de Honduras, poniendo así a tono con el derecho una realidad geográfica e histórica que constituye parte esencial del patrimonio del pueblo hondureño", añadió el funcionario.

Los títulos fueron entregados a las autoridades del Gobierno Central por la sub-procuradora, Ligia Melara de Andrade, y posteriormente el ministro Rendón Pineda los depositó en manos del director del Instituto Hondureño de Antropología e Historia, Víctor Cruz.

Uno de los títulos, el que corresponde al conjunto histórico-religioso de Quezailica, fue entregado al obispo de la Diócesis de Santa Rosa de Copán, Monseñor Luis Alfonso Santos, quien dijo que la Iglesia procura fundar un museo para exhibir los objetos de arte, pero los vecinos de la comunidad quieren que las piezas permanezcan en sus templos.

OBLIGADOS A PROTEGERLOS

El presidente Azcona dijo que los monumentos históricos y antropológicos recibidos "tienen gran relevancia en el contexto del patrimonio cultural de nuestro país ya que constituyen la herencia que los antepasados dejaron como símbolo permanente de la nacionalidad".

Azcona aseguró que su gobierno reconoce los problemas que atraviesan las instituciones oficiales, encargadas de la protección, conservación, investigación, restauración y difusión del patrimonio cultural y que está dispuesto a apoyar sus programas.

Algunos de los inmuebles seguirán siendo objeto de restauración física para ser convertidos después en centros de atractivo turístico y en dos de ellos se instalarán Casas de la Cultura que constituirán centros de formación y expresión de todas las manifestaciones artísticas, según los planes dados a conocer por el titular de Cultura y Turismo.

EL HERALDO/3 DE JULIO DE 1987